幸せづくりの秘訣

三つのキーワード

家庭教育カウンセラー
阿部美樹

光言社

はじめに

勉強ができる人というのは、頭が良いだけでなく、効果的に勉強する「秘訣《ひけつ》」を知っている人です。スポーツにおける一流のアスリートは、上達する「秘訣」、勝利するための「秘訣」をつかんでいます。練習、訓練の繰り返しの中で、その競技に必要な究極的要因を見いだして、身につけるようになります。

同じように、人生における幸せを得るためにも、「秘訣」があるのではないでしょうか。「運が良くなる秘訣」「楽しく生きる秘訣」「愛を実らせる秘訣」「発展する秘訣」など、ポイントとなるコツがあるはずです。それが分かれば、的を射た人生、短期間に効果的な結果を出す人生となります。

このような幸せの秘訣を知ること、気付くことは、幸せをつくる種まきとなります。思い・意識の転換だけでなく身をもって実践することは、幸せの芽を出させ育むことと言えます。さらに、継続的に繰り返して習慣化、生活化すれば、幸せは実体となります。まさに、幸せの実を結ばせることができるということです。

ですから大切なのは、「幸せの秘訣」「幸せの方程式」を知ることです。本書は、それを知るきっかけを提供しようとするものです。各項目ごとに「三つの秘訣」にまとめています。三つにまとめることで、複雑な人生をシンプルに見つめ直すことができます。「三原則」「三要素」「三拍子」「三度目の正直」など、「三数」はよく使われているように、三つのものは印象に残ります。「三つの秘訣」は人生転換の大きな力となります。幸せになる「キーワード」との出会いは、今まで気付かなかったことに気付き、見えなかったことが見え、浅く考えていたことが深まるきっかけになります。

自分自身を幸せにするために、家族を幸せにするために、隣人を幸せにするために、社会を幸せにするために、「幸せの秘訣」をつかんでください。この本を手にされた全ての方に幸運が訪れることを願っています。

二〇一三年四月三十日

著者

目次

第一章　幸せを呼び込む

一、幸せを呼び込む 三つの心

幸せになるためには「心の持ち方」が大切です。同じ努力をしても、心がけの正しい人は大きく実ります。では、幸せを呼び込む心とは何でしょうか。三つのポイントで説明します。

① 感謝する心

「努力」という「種まき」をしても実るかどうかは、その種をどのような場所にまいたかが重要です。種は砂利道にまいても芽が出ないし、砂地でもいけません。肥沃《ひよく》な土壌にまくことによって芽が出るようになります。土壌が人生の何に当たるかというと、「心」です。心がけ次第で努力が実ったり、芽が出なかったりするものです。

では、肥沃な土壌とは何でしょうか？　それが「感謝の心」です。感謝の心を土台とした努力は実りやすいのです。人生は、私が生きたいと願って出発したのではなく、生かされて出発しました。親のおかげで生まれたのであり、周りの人のおかげで育ったのです。愛されなかったという不満を口にする人が多くいますが、今存在していること自体が愛された証しであり、一人一人が愛の結晶なのです。このような「生かされた」「愛された」という心から人生を見つめ直すことが大切です。それが「感謝の心」です。ありがたいという心がけこそ、願い事が叶《かな》う脳内環境になる秘訣《ひけつ》だと解説する脳科学者もいます。

『ツキを呼ぶ「魔法の言葉」』という本で、著者の五日市剛氏は、幸せなツキまくりの人生になるために二つの言葉を使うことを紹介しています。それは「ありがとう！」「感謝します！」という言葉です。平凡な言葉ですが、五日市氏は変わった使い方をします。

「ありがとう」は、何か良いことがあった時や嬉しい時に言う言葉ですが、彼は何か嫌なことがあった時こそ「ありがとう」と言うそうです。本には、「ありがとうは漢字で書くと『有り難う』。難があった時こそ『ありがとう』と言うことで、これから訪れるであろう不幸の連鎖を断ち切る効果がある」とあります。

また、「感謝します」という言葉は、一般的には過去に起こった出来事や相手に対して伝える言葉ですが、五日市氏は未来の出来事に対しても「感謝します」と言うそうです。このことについて説明しています。例えば、「来週の日曜日、試合に勝てて感謝します！」というように、先駆けて感謝するならば、現実もそのようになるというのです。希望的な未来を描いて感謝することで、未来を創造する人生になるということです。このように、感謝の心を持って生きる人には幸運が訪れるようです。

『ありがとう』という題名の映画があります。これは兵庫県神戸市長田区に住む古市忠夫氏の人生を描いたものです。彼は小さな写真屋を営んでいましたが、1995年に起きた阪神淡路大震災の時、自宅兼店舗を焼失しました。唯一残ったのが、車のトランクに入っていた愛用のゴルフセットでした。震災後、初めてゴルフコースに立ったとき、ゴルフができることへの感謝の気持ちから自然にコースに頭を下げたそうです。彼は震災を通して価値観が大きく変わりました。大切なのは物やお金ではなく、愛や優しさ、思いやる心、感謝の心だと思うようになりました。その後、還暦目前にプロゴルファーのテストを受けました。受験者数1800人中、合格者60人という超難関にもかかわらず、見事プロテストに合格しました。「還暦ルーキー」と注目されるなど、奇跡的な人生です。その奇跡の原動力を、古市さんは「感謝力」と表現します。人生は努力や才能だけでなく感謝力で決定する（「人生＝努力×才能×感謝力」）という奇跡の方程式で説明されました。

「辛い」という字に「一」を加えると、「幸」になります。つらい時ほど、もうひと頑張りすれば本当の幸せが訪れることを教えてくれているのではないでしょうか。驚くような不幸な体験をして、それを乗り越えた人ほど、心から感謝しています。

臨済宗の僧侶であり作家（芥川賞受賞）でもある玄侑宗久《げんゆうそうきゅう》氏は、感謝について次のように語っています。

「『陽』は目に見える世界、『陰』は目に見えない世界を意味しています。『お陰様』の『陰』とは、私たちを支えてくれている、目に見えない無限の縁です。日本人はその無限の縁に感謝し、『お』と『様』をつけて敬意を表して『お陰様』と呼んだわけですね。

良いことが起きれば、『お陰様』と感謝しますが、人生には困難な出来事も起こります。病気をしたり事故に遭ったり、さまざまな災難に見舞われることもあるでしょう。そういうときには、隠されている何かのメッセージを読み取ることが大切だと思います。困難な状況に置かれたときには、『このお陰といえることは何だろう』『この時期にしかできないことは何か』と考えてみたいものです。起こったことは嫌がらず、お陰様からのメッセージと感謝し、あるがまま受け容れ、対応してみることです。そうした姿勢でいるほうが、良い状況が招かれるものなのです」

●実践ポイント
感謝の心は幸運を呼び込みます。身近なことで感謝する事柄をいくつか挙げてください。

② 信じる心

夢を叶える秘訣を一言で表現したら何でしょうか？　親子愛・夫婦愛など、愛を育む秘訣は何でしょうか？　また、心が平安で自信に満ちた自分自身になっていくための秘訣は何でしょうか？　これらの秘訣を一言で表現するならば、「信じる心」です。夢は信じる心を持つからこそ叶います。愛を育むにおいても、相手を信じる心、信頼の心の土台の上に育まれるものです。また、自分に対しても、信じる心が大切です。自分を信じると書いて「自信」となるように、自分自身をどのように見つめるかが最も大切なことです。

このように、無限の可能性の扉を開く鍵は「信じる心」です。スポーツ選手も、限界を超えて新記録を出すためには、実力だけではなく信じる心が大切です。肉体の限界という壁よりも、難しいとあきらめてしまう心のほうが大きな障壁になるからです。スポーツ、学業、事業など各方面で成功を収める人に共通する特徴は、「信じる心」が強いということです。

　兵庫県西宮市で塾を経営する西角けい子さんという方がいます。倍率13倍以上の超難関の公立中高一貫校に、6年連続地域一の合格者を出し、地域ナンバーワンの学習塾になりました。

　多くの子供たちを見ながら、合格する子供と不合格の子供にはどのような違いがあるか注目したそうです。そこで気付いたことが、子供に対する「母親の言葉がけ」の違いです。合格する子供の母親は、「あなたの味方だよ！」「あなたを応援しているよ！」という、「子供のやる気を育む言葉」を使っています。まさに「信じる心」を言葉にしているのです。一方、不合格の子供の母親は、反対に「子供のやる気をつみとる言葉」を使っているというのです。先生に対しても「あの子はダメだと思っていました！」「あの子は何をやっても続かないんです！」「お父さんに似て、嫌になってしまいます！」など、否定的な言葉がどんどん出てきます。子供に対しても、心配な心が現れて、つい「不信の言葉」になるのでしょう。西角さんは、小さい時の母親の言葉を思い出したそうです。それは「あなただったらできる！」と繰り返す母の信じる言葉でした。その言葉がやる気を育んでくれることに気付き、『子供の成績は、お母さんの言葉で9割変わる！』（ダイヤモンド社）という本を出されました。

　盲目のピアニストとして有名な辻井伸行さんは、ヴァン・クライバーン国際ピアノコンクールで日本人初の優勝を果たしました。多くの人がそのピアノに魅了されています。生まれつき目の見えない辻井さんがピアノをマスターするためには、人一倍の苦労があったことでしょう。その背後には、いつも側にいて褒め続けたお母さんの「信じる心」があったといいます。

また、手足のない歌手、佐野有美さんという方がいます。佐野さんは先天性四肢欠損症という病で、生まれつき両手がありません。右足もありません。あるのは短い左足とその先についた3本の指だけでした。片方の手がないだけでも苦労の多い人生ですが、片足だけの人生は想像を絶するものです。しかし、彼女は「不便だけども不幸ではない。生まれたからには役割があって生まれたはず。手足がなくても笑顔でいられる。声がある……」と言いながら、『歩き続けよう』という歌を出しました。その笑顔は、見た人に大きな感動を与えます。このような前向きな生き方はどこから来るのかと不思議に思うほどです。食事や化粧など、生活のほとんどを自分一人でこなす姿にも驚きます。その背後には、お母さんが褒めながら励まし続けた「信じる心」がありました。

このように、「信じる心」は幸せに導く心です。夢は信じるからこそ実現します。親子・夫婦・家族を信じるからこそ、愛の関係をつくることができます。自分に対しても信じるからこそ可能性に挑戦できます。人間不信の人は誰との関係も壊れてしまいます。人の真心を信じてこそ良い関係をつくられるからです。

また、神様や先祖は見えないからといって、いないのではありません。信じて大切にする人ほど幸せになります。

このように、「信じる」「信頼」「信仰」など様々な表現ができますが、全て「目に見えないもの」を「信じる心」です。夢も可能性も真心も、神様や先祖も目に見えません。目に見えないものを信じる心こそ、幸運を招くのです。

●実践ポイント

身近な人に対して、信じる心を言葉にして伝えてみましょう。誰に、どのような言葉を伝えるか、考えてみましょう。

③愛する心

人生において「感謝する心」と「信じる心」を持つことは大切ですが、それだけではありません。その土台の上に「愛する心」が必要です。

人が成長するという場合、2種類の成長があります。一つは体の成長です。小さな子供に対して、「大きくなったね！」と声を掛けるときは、体の成長を見てのことです。人間は20代になれば、体が成熟し完成します。たくましさや美しさのピークは20代です。しかし、20代や30代で人生が終わるのではなく、80歳、100歳と生きるように神様が寿命を与えてくださいました。これは、体の完成がゴールではなく、その後も成長するものがあるからでしょう。それが「心の成長」であり、「愛の成長」です。愛は体の衰えと関係なく成長し続けます。

子供の愛、兄弟姉妹の愛、夫婦の愛、父母の愛、祖父母の愛と、人生では様々な愛を体験するようになっています。親の愛に対して応えようとする反射的な子供の愛、分かち合う兄弟姉妹の愛、相手のために生きる利他的な夫婦の愛、無条件に尽くす父母の愛など、愛は限りなく深く高く成長し続けるものです。

人間は限りなく立派な人になろうと努力するものです。立派というのは体もそうですが、心や人格の素晴らしさを指しています。その人格は、愛の深さや愛の本質性です。そのように考えた場合、人生の最大の成績は、どれだけ愛の人格を築けたかということになります。

幸せな人生を歩むためには「感謝する心」が大切だと説明しました。不平不満や怒りの人生ではなく、多くの人のお陰様で生きていることに感謝することです。たとえ逆境や不幸が与えられても、それを感謝した瞬間、それは幸せの種まきになります。このように、「感謝する人生」は貴い生き方です。

感謝する人生だけではなく、「感謝される人生」を歩む人もいます。「あなたのおかげで私の人生は幸せになりました！」「あなたとの出会いが忘れられない！」「あなたに勇気と希望をもらいました！」という人が1人でも2人でもいたら、その人生はさらに素敵な貴いものとなります。

多くの苦労があったとしても、いつも幸せに生きている人は、「生きがい」を感じている人です。その生きがいを感じている人は等しく、「感謝される人生」を歩んでいるのではないでしょうか。

では、どのようにしたら感謝されるかというと、「愛する実践」をし、「愛した実績」を多く立てるのです。

若くて人生これからという余裕がある時は、「自分はこれがしたい！」「これが欲しい！」「ここに行きたい！」という自分の幸せに対する欲求が強いものです。しかし、人生が残りわずかしかないと知った瞬間、「あの人にお礼を言いたい！」「子供にプレゼントしたい！」「妻に愛していると伝えたい！」など、「愛する心」だけが出てくるものです。余命わずかという死の宣告を受けた人は、切ないほどに身近な人を愛したいと身もだえしています。人間の本性が「愛したい」という衝動を強く持っているからでしょう。

このように考えたとき、人生で最も大切な心が「愛する心」ではないでしょうか。感謝する心、信じる心が土台となってこそ、愛する心を持つことができます。不平不満と不信の心を持つならば、愛することはできません。「感謝する心」と「信じる心」と「愛する心」、その三つの心が一つになってこそ、幸せな人生として実っていくことでしょう。

●実践ポイント

これからの人生で、誰から「感謝される人生」を歩んでいきたいですか？　そのためには、どのような生き方が大切かを考えてみましょう。

二、充実した人生になる三つの感性

優れた感性を持つ人を「センスがいい」と表現します。「ファッションのセンス」「音楽のセンス」「運動のセンス」「商売のセンス」など、様々な分野で表現します。センスは「感性が鋭い」とか、「感性が豊か」「バランス感覚という感性の良さ」などの表現もできるでしょう。幸せな人生になるための三つの感性について説明します。

①喜ぶ感性

「幸せ」な状態を言葉で表現したら、「喜び」に満ちた状態でしょう。では、どのようなときに喜びを感じるかというと、定義付けできるようで、なかなかできないものです。なぜかというと、金持ちでも喜んで生きていない人がいるし、貧乏でも喜んで生きている人もいます。平安で優雅な日々を送りながらも喜んで生きていない人がいるし、苦労が多くて多忙な日々を歩む人でも喜んで生きている人もいます。このような状況を見ると、喜ぶ要件が何かというよりも、喜ぶ感性があること、喜ぶ能力が高いことが幸せの要件ではないでしょうか。

例えば、仕事が忙しくて、夜も寝る暇もなく働いている人がいたとしましょう。誰が見ても、過酷なスケジュールです。しかし、体調を崩したり病気になったりすることもなく、全く疲れた様子を見せることもなく動き続ける人がいます。これは、体力があるだけではなく、「喜んでやっている」からではないでしょうか。小さな子供が喜んで遊園地で遊んでいる場面を思い浮かべてください。楽しい乗り物に乗ろうと無我夢中で走り回っています。まさに、「疲れも知らず」です。疲れを知らないのは喜んでいるからでしょう。もし、嫌なことを頼まれてやる場合、少し動いただけで疲れてしまうことがあります。「気が進まない」と言うように、心が喜んでいないからです。このように、喜んでいる人は疲れを知りません。喜んでいる人は、苦労を苦労と感じません。

「1対1.6対1.6の2乗の原則」という仕事の効率を上げるための原則があります。人間は嫌な仕事でも強制されればできるものです。この強制されて仕事をしたときの効率を仮に1とします。一方、強制されるのではなく、自ら納得した仕事をしたとすると、この場合の効率は、先の1に対して1.6となります。さらに、もしもその仕事に対して計画段階から参画し、納得して仕事をしたとすると、その場合の効率は、1.6の2乗になるというものです。同じ仕事でも納得して行う心の姿勢が大切だということですが、さらに「喜んで行う」ならば素晴らしい結果が出てくるのではないでしょうか。

スポーツにおいても、芸術においても、一流のプロは、過酷な練習、訓練、準備の生活を繰り返しています。練習は忍耐の連続であり、本番は緊張とプレッシャーの連続でしょう。しかし、プロであればあるほど、「楽しんでやります」「どれだけ楽しめるかですね」「好きなことを楽しんでいます」などと表現する場合が多いものです。まさに、喜んでやることが継続する秘訣であり、平常心で歩む秘訣ではないでしょうか。

また、「家族のために生きる」「社会のために生きる」「国のために生きる」など、ために生きる行いは「善行」であり、素晴らしい生き方です。仲の良い夫婦は、互いにために生き合っています。ために生きるという行為も重要ですが、相手のために「喜んで」することが大切です。相手に尽くすにおいても、嫌々ながら行うとか、仕方なく行うとか、「やりたくないけど」という心では、本当の善行ではありません。喜んでために生きること、喜んで尽くすこと、喜んで与えること、喜んで犠牲・奉仕することが本当の愛ではないでしょうか。喜ぶ感性は幸せに生きる大切な要素です。喜ぶ感性を磨いていきましょう。

●実践ポイント

好きなことをやる時は、誰もが喜んで行うものです。喜んで行えるものを三つ挙げてください。そのような心で何事に対しても行えるように心がけましょう。

②感動する感性

幸せな状態は、喜んでいる状態ですが、喜びの大きな刺激を「感動」と表現します。感動は誰もが好みます。感動の映画、感動の景色、感動の思い出、感動の歌など、全て私たちの心を幸せにしてくれます。感動の頂点に達すると、感極まって涙を流すものです。不思議なことに、悲しみの頂点と喜びの頂点に達すると、同じように涙が流れてくるものです。喜びの涙、感動の涙を流した分だけ充実した人生となることでしょう。

では、どのような時に感動するのでしょうか？　離れ離れになっていた親子が何十年ぶりに再会した時、結婚式に永遠の愛を誓い合った時、すれ違っていた二人が和解して抱き合った時など、「愛情」に触れた時に感動します。また、美しい芸術作品と出会った時、色鮮やかな美しい夕焼けを見た時など、「美」に出会った時もあります。さらには、素晴らしい講演を聞いた時、人生の指針を与えてくれる本に出会った時など、「真理」に出会った時も感動します。また、陰徳積善する姿や公的なことのために奉仕する姿など、「善」に触れた時もあります。

このように、「真・善・美・愛」に触れると、人は感動するようになっています。まさに、人間らしい生き方とは「真・善・美・愛」を求める生き方だからではないでしょうか。人は感動する体験を通して生き方を変えたりするものです。感動を通して心が高まり、より本質的なものを求めるようになるからです。

感動は大切なものですが、その感じ方は人それぞれ違います。些細《ささい》な出来事を通して感動する人もいれば、なかなか感動しない人もいます。それは「感動に対する感性」が違うからです。感動に対する感性が大切です。よりアンテナを高くした分だけ感性が磨かれ、深まっていきます。どれだけ真理を求める心があるか、どれだけ善を求め、美を求め、愛を求めている心があるかが大切です。真理を探究していた人が疑問を解決する解答に出会ったときには涙を流して感動することでしょう。

また、感動しない人は何を聞いても、見ても、体験しても感動しません。心に蓋《ふた》をした状態だったり、心が麻痺しているので、簡単には感動しません。警戒心や疑いの心を持ったまま、愛の言葉を聞いても、嬉しくもないし感動もしません。いま一度、心の緊張をほどいて心を開いてみることが大切です。

また、自分が感動する感性を持つことも大切ですが、相手を感動させる能力も大切です。相手を喜ばせる能力、相手を感動させる能力こそ、幸せを招く大切な能力です。

映画は見る人に感動を与える芸術作品です。見る人に感動というプレゼントを与えてくれるものです。歌もそうです。ヒットする歌は心に感動を与えてくれる名曲だからです。同じように、目の前の妻に対して、夫に対して、感動させる愛の工夫が大切です。家族を感動させる知恵が大切です。周りの人を感動させるユーモアが大切です。誰かに感動を与えるプロデューサーになってみましょう。

●実践ポイント

過去に体験した出来事で一番感動したことは何ですか？　一つ選んでください。その出来事のどこに感動したのかを考えてみましょう。

③純粋な感性

喜ぶ感性、感動する感性の大切さを説明しましたが、そのような感性の高い人は、一様に「純粋な人」です。この純粋さが大切です。濁った水ではなく、純粋な水が人の命を生かすように、純粋さは人生の活性化に欠かせないものです。純粋さは無限の可能性を秘めています。心の純粋さを失うと「マンネリ化した心」になります。マンネリ化すると、心の感度が鈍くなります。同じことを何度行っても「新鮮な心」で行える人もいれば、1、2回行うとすぐ飽きてしまってマンネリ化する人もいます。同じことを繰り返しても常に新鮮な心で行える人は、限りなく成長していきます。人を愛するにおいて、マンネリ化した心で尽くすよりも新鮮な心で尽くすほうが相手が喜ぶのは当然です。新鮮さを持ち続ける能力、「純粋な感性」は人間の成長にとって大切な要素であり、幸せになる要素でもあります。

「純粋」とは、「混じりけのないこと」「邪念や私欲のないこと」「ひたむきなこと」という意味でもあります。

人間関係において、周りに気遣い、気配りすることは大切なことですが、意識し過ぎて複雑に考えて悩む人がいます。細やかな配慮も必要ですが、「純粋さ」を失ってはいけません。「純粋」といった場合、真っ先に思い浮かぶのが「赤ちゃんの笑顔」です。生まれて間もない赤ちゃんは誰から教えられたわけでもないのに、笑顔をつくります。その笑顔には、下心もないし、打算や要求もありません。当然、周りの人に気遣って笑うわけでもありません。その無邪気な赤ちゃんの笑顔を見ると、誰もが自然と笑顔になります。人を笑わせようとしているのではなく、ただ自然体でいるだけですが、そこにユーモアがあり、喜びがあります。

赤ちゃんの笑顔から教えられるものがあります。赤ちゃんは人を笑わせることも、笑われることも気にしていません。大人になると、人から笑われないように萎縮したり、警戒したりします。笑われないように意識し過ぎて自分らしさを失う人もいます。赤ちゃんのように純粋な笑顔で生きること、「純粋さ」を忘れてはいけません。

「自然体」という言葉のように、海や川、山、森など自然に触れると心がリフレッシュします。本来の自然体にリセットされるということでしょう。山登りや釣り、ハイキング、ゴルフなど、好きな趣味を持つことも「純粋さの感性」を伸ばす方法でもあります。好きなことをやっている瞬間は「幼子の心」に戻るからです。子供だけではなく大人にとっても遊びや遊び心は大切なことです。心が純粋になれる好きなこと、夢中になれる趣味を持つことが大切です。

●実践ポイント

笑顔は心を純粋にしてくれます。鏡に向かって赤ちゃんのような笑顔をつくってください。そして周りの人にも笑顔のプレゼントをしましょう。

三、前向きな人生になる **三つの肯定力**

① 自分を肯定する力

「人生を前向きに生きる」という言葉があります。前向きに生きることが幸せのために大切だと知っていても、できる人とできない人がいます。「前向き」の心には、物事を肯定的に感じ取る「肯定感」が大きく影響しています。肯定感の強い人は、大きな努力をしなくても物事を肯定的に考えます。一方、肯定感の弱い人は、努力してもつい否定的に考えてしまうものです。これは生まれつきの性格もありますが、いくらでも修正可能なものです。

では、何が最も影響しているのでしょうか？　それは「自己イメージ」という自分に対する評価です。人生を歩む主人公である自分自身のイメージが悪くては、気持ちが悪いものです。自分自身に対するイメージを一言で表現しようとした場合、「口下手な人」「運動音痴」「背が低い」「優柔不断」……などのように否定的に表現する人もいれば、「コツコツ真面目な人」「歌が好きな人」「手先が器用な人」……などのように肯定的に表現する人もいます。どちらも事実かもしれませんが、自分自身を肯定的な目で見るのか、否定的な目で見るのかによって大きく変わります。日本人は謙遜を美徳とするあまり、自分を低く表現する傾向があります。また、向上心という自分を高めたいという気持ちが影響して、自分の課題、問題、欠点に注目して、それを変えよう、直そうと努力します。そのことが、自分を否定的に見つめるきっかけになっていることも多いものです。

いま一度、自分の長所、特技、特性に注目することが大切です。誰もがキラッと輝く個性を持っています。良いところが全くないという人がいるはずがありません。良いところを見つめた瞬間、気分の悪くなる人はいません。誰かから褒められた瞬間、ガッカリする人がいないように、誰もが嬉しいものです。人から褒められ続けると、心が前向きになります。特に、家庭で親から褒められて育った人と、叱《しか》られ怒られて育った人とでは、肯定感に大きな開きができます。

しかし、最も大切なのは周りの人の評価ではなく、自分自身がどのような評価をしているかです。「自分を信じる」という言葉を短く表現すれば、「自信」となります。自分を信じる心が自信を育み、心を安定させていきます。自信に満ちた心を持てるかどうかは、自己イメージの選択にかかっています。自分の良いところを探してみましょう。肯定的な視点への転換が肯定的な心を育み、肯定力を高めます。

悩みを抱えている人、不幸な人の特徴は「自己イメージが悪い」です。悩んでいる事柄を変えようとする前に、自分の良い個性を発見することが悩み解決の糸口になります。自分を肯定的に見つめる人は、人生全てに肯定感を持って生きるようになります。自分が変わると、周りが違って見えます。比例していくのです。人間関係において顕著に表れます。自分を良く見る人は、他人をも自然と良く見ようとします。自分を悪く見る人は、他人の悪いところが目に付くものです。聖書に、次のような言葉があります。

「『心をつくし、精神をつくし、思いをつくして、主なるあなたの神を愛せよ』。これがいちばん大切な、第一のいましめである。第二もこれと同様である、『自分を愛するようにあなたの隣り人を愛せよ』」（マタイによる福音書22章37〜39節）

「自分を愛するように隣り人を愛する」とありますが、「自分を愛せない」場合はどうなるのでしょうか。「自分を愛せないように隣り人を愛せない」となるでしょう。自分を愛する、信じる、大切にするという肯定的な心が、相手を愛する、信じる、大切することができるようにするのです。

松下幸之助氏（パナソニック創業者）は、生前に「成功の秘訣は何ですか？」と記者から質問を受けた時、次のように答えたそうです。「それは、貧しかったこと、学歴がなかったこと、体が弱かったことです！」。貧しかったからこそ、豊かになることを望み、行動の原動力になりました。学歴がなかったから、素直に人の話に耳を傾けて、人から学び取れたといいます。体が弱かったから、人一倍健康に留意して長生きできたというのです。このように、松下氏は本当に「プラス発想の達人」です。自分自身と自分の人生を肯定的に見つめた典型的な方です。

●実践ポイント
自分自身を肯定的に見つめて長所を探してみましょう。最低10個以上挙げてください。

②他者を肯定する力

不幸な人ほど相手の悪いところが気になるものです。口を開けば、「○○のせいで……」「○○が悪いから……」と言うのです。「良い人との出会いがない」とか、「私が縁を持つ人は変な人ばかりだ」と嘆くのです。しかし、そのように表現すればするほど苦しい人生になり、不幸が多くなるものです。出会う相手の良し悪しを判断する前に、自分の視点を変えなければなりません。どうすればよいかというと、相手を肯定的に見つめるのです。

自分自身を肯定することができるようになると、周りの人も肯定的に見るようになります。自分に相手の悪いところが気になっていた人も、相手の良いところに気付くようになります。自分に必ず良いところがあるだけでなく、相手にも必ず良いところがあるのです。良いところが見えたら褒めたくなるし、悪いところを指摘したり非難したりするよりも、認めること、受け入れること、褒めることを行おうとします。すると当然、褒めることで人間関係が良くなります。人間誰もが「認められること」「褒められること」を好むからです。悪口を言われた瞬間に「ありがとう!」と感謝したり、喜んだりすることができる人はほとんどいないものです。

相手の悪いところを指摘する能力と相手の良いところを褒める能力は、どちらが難しいでしょうか。相手を非難する言葉は、次から次へと出てくるものですが、相手を褒める言葉はなかなか出てこないものです。褒める言葉は思いつきでは出てこないのです。相手をよく観察し、よく注目していないと褒めることはできません。

このように、褒めることは意外に難しいものです。相手を褒めるには、褒める能力が必要だということです。凡人は相手を見ると無意識に「粗探し」する傾向があるのは、相手の悪いところは探しやすいからでしょう。一方、人格者は相手の悪いところが見えても意識的に良いところを探して表現します。良いところを探す能力、すなわち「相手を肯定する能力」が高いということです。相手の良いところを見つめる視点を持つこと、良いところを探す感性を高めること、良いところを表現する語彙《ごい》を増やすことが大切です。

相手を褒めてばかりいたらつけ上がってしまう、図に乗ると危惧する人もいることでしょう。相手の悪いところをビシビシ指摘しないといけない、叱咤《しった》激励こそ人を成長させていくと思うのです。当然、間違ったところを指摘したり、叱ったりすることは良いことです。しかし、相手を認める、褒めることを土台とすることで有効な影響を与えることを忘れてはいけません。叱咤激励と言いながら、実際には悪口と紙一重の場合もあるものです。

●実践ポイント

身近な人（家族や職場の人など）で、今最も気になっている人を選んでください。その人の良いところ、長所を書いてください。

③環境を肯定する力

人生は決して順調な時だけではありません。むしろ困難なことや逆境に立たされることのほうが多いかもしれません。その時、どのように環境を見つめるかが大切です。「けがをした」「病気になった」「倒産した」「けんかをした」など、あってほしくない出来事と直面した時、どのように対処するかによって人生は決定します。例えば、「そんなことはあり得ない、必要ない、あってほしくない！」と否定しても、どうしようもありません。もうすでに目の前に現実として展開しているからです。否定すればするほど、苦しくなるだけです。思いと現実が矛盾した「ねじれ現象」だからです。

そのような時には、「私に必要な出来事だった」と受け入れるしかないのです。ただ単に「不幸だ！　不運だ！　困ったな！」と嘆くのではなく、「大丈夫！　これだけで済んだ！　これから好転する！」と捉えることができたら、「感謝の心」で再出発することができます。不幸だと思うのではなく、「幸せになるための試練・訓練」と考えるのです。不運だと思うのではなく、「これだけで済んだ。不幸中の幸い」と考えるのです。また、困ったと思うのではなく、「これから良くなる出発」と考えるのです。

環境に対して肯定するこのような力はどこから湧いてくるかというと、自分を肯定し、他者を肯定するところから与えられます。自己を否定し、他者まで否定して、環境だけは肯定するということはありません。自己と他者を肯定する心が土台となってこそ、人生に関係する環境全てを肯定的に見つめることができます。

肯定感が高まると、多少の災難や不幸ではビクともしなくなります。どんなことがあっても、心の奥から「神様は越えられない試練は与えられない」「神様は必要のない、意味のないことは与えられない」という安心感があるからです。

言葉を換えると、それは「平常心」で、安定した心の状態です。つらい状況に置かれても、落ち込むのではなく、必ず幸せが来ることを考えてバランスを取ることです。嬉しい状況の時、ただ有頂天になるのではなく、つらい時の体験が土台になっていることを思い出すのです。常にバランスを取って、平和（傾くことなく平らで和する状態）を維持する心が「平常心」です。

このように考えると、人生は順境と逆境が海の波のように絶え間なく繰り返してくるものです。肯定的な心を持って、波乗りの要領でいかにうまく乗り切るかが大切です。

●実践ポイント

環境を肯定的に見つめてみましょう。出来事の中で、良かったことを探してみましょう。

全てのことを肯定的に表現しましょう。

第二章　幸せをつくる

一、豊かな人生となる三つの要素

人は誰もが無意識に幸せを求めるようになっています。生まれた瞬間から死ぬ瞬間まで、絶えず幸せを追求し、幸せのために努力し続けるのが人生と言ってもよいでしょう。

しかし、なぜ幸せを求めるのか、何があったら幸せなのか、と言われても、簡単には答えられないものです。自分の意識とは関係なく幸せを欲する姿を見ると、神様が人間を幸せになるように創造されたと言うこともできます。

人がそれぞれ願い事を挙げたら多種多様なものが出てきます。それを大きく大別したら、健康面、愛情面、財産面の三つに分けることができます。人間は体と心と環境（万物）という三つの要素で生活が成り立っているように、健康な体、愛情に満たされた心、衣食住足りた財産は、幸せになるための大切な要素になります。

これら一つ一つが満たされるのには、何か秘訣《ひけつ》があるのでしょうか？　自然界や宇宙の成り立ちには全て法則があるように、幸せになる法則、原理原則があるのでしょうか。それを考えてみましょう。

①豊かな健康

男性であればたくましい体になりたいと願い、女性であれば美しい体でありたいと願います。誰もが健康な体を維持したいと願います。長生きしたとしても、病気の状態での長生きでは、つらいものです。

では、どのような状態の人を「健康な人」というのでしょうか。健康になるためには、基本的に「良いものを食べ」、「ゆっくりと休み」、「適度な運動をする」など、内外共に無理のない生活を習慣とすることだと言います。しかし、寝ないで休まなくても健康な人がいます。ストレスになりそうな難しい立場でも元気よく生きる人もいます。反対に、よく食べてよく休んでいても病気になる人がいます。

何が違うのでしょうか。健康な人の特徴は、「体力がある」「精神力がある」「免疫力・自然治癒力が高い」など、いろいろな表現がありますが、一言で言えば、「生命力が強い」と言うことができます。

では、生命力の強い健康な体は、どのような状態なのかというと、「気のエネルギー」を十分に体に蓄えている状態です。人間は「気のエネルギー」を「天の気」と「地の気」の二つの形で体に取り入れています。「天の気」とは、呼吸や皮膚を通して体に取り入れられる光と空気のことを言います。また、「地の気」は、地の産物である食べ物や飲み物を通して体に取り入れます。

呼吸は生きるために最も大切な条件であり、生命力に大きな影響を与えているものです。では、健康的な呼吸とは、どのような呼吸でしょうか。天の気を取り入れると言うと、「吸うこと」をイメージしがちですが、反対に「よく吐くこと」が大切です。「呼吸」という字は、「呼」が最初であるように、出すことが重要です。体内に溜《た》まった邪気（悪い気）を出さずに吸おうとすれば、過呼吸状態になります。体内に悪い気が溜まり過ぎて、これ以上溜めると体が悪くなるという時に出てしまう息を「ため息」と言います。そのような状態にならないように、日頃から「長く吐く」「ゆっくり吐く」を心がけてみましょう。呼吸法や丹田《たんでん》呼吸などは、全て「吐く」ことの大切さを強調します。安心した時に「ホッとした！」と言うように、吐くことで副交感神経が働いて心が落ち着く作用もあります。

このように、健康な人は吐くことを中心としてゆっくりとした深い呼吸をしており、病気の人は浅く速い呼吸をしているものです。

また、体に良いものを「適度に食べること」や「適度な運動」も健康を保つ基本です。さらに、生命力には「心の持ち方」も大きく影響します。喜びや感動を感じたり、物事を楽しんだり、愛したりすることは、若々しい人生に導くものです。手軽にできる健康法として、「笑顔・笑い」があります。笑いは「免疫力」を高めるし、「脳内活性ホルモン」を分泌させ、細胞全体を幸せモードにするようです。笑うことは若さのバロメーターであり、健康を維持する秘訣です。ですから、笑いや笑顔を心がけて、心の側面（心がけ）、体の側面（運動・休息）、環境の側面（食事）のバランスをよく保ち、健康な体づくりをしていきましょう。

●実践ポイント

ゆっくり深呼吸してみましょう。鼻から3秒で息を吸い込んでお腹に溜めてください。次に、口から10秒かけてゆっくり吐き出します。それを繰り返しましょう。

②豊かな愛情

健康な状態を維持していても、人間関係がうまくいかなければ、人生は楽しくありません。人の間と書いて「人間」というように、人間関係が心地よく調和してこそ幸せが実現します。

しかし、現代は「個人主義」の蔓延《まんえん》が著しくなっています。これは、現代社会が科学の発達によって便利になり、一人でも不便なく生きることができるようになったことや、人間関係の煩わしさから逃避して自由気ままに生きることを良しとする傾向が強くなった結果でもあります。近年、社会問題になっている、結婚する人が少なくなっていること、子供の数が少なくなっていること、人口の急激な減少なども、根本的には「個人主義」という問題があります。

しかし、本当の幸せは心と心のつながりである「絆《きずな》」を感じてこそ、実感できるものではないでしょうか?

幸せは大きく大別すると二つに分けることができます。

一つは、「自分を喜ばせる幸せ」です。食べたいものを食べる、行きたい所に行く、やりたいことをやるなど、自分の願いが叶《かな》うことは嬉しいことであり、喜びを感じます。しかし、こればかりだと、だんだん喜びの刺激がなくなり、飽きてしまうものです。自分に対する自信と誇りを持てず、苦労すること、努力することが嫌になったりします。

もう一つの幸せは、「相手を喜ばせる幸せ」です。目の前の家族や友人、お客様など、相手を喜ばせることは自分の喜びになり幸せになっていきます。その喜びは自分の人生に対する自信と誇りを与えてくれます。そのための努力や苦労は大変でも、「やりがい」を感じるものです。

このように、「自分を喜ばせる幸せ」と「相手を喜ばせる幸せ」の二つがありますが、より本質的な喜びは後者です。まさに「愛する」「愛を育む」「愛を結ばせる」という生き方と言えます。

一人では愛を育むことはできません。愛は誰かとの関わりでのみ育むことができます。親子関係、兄弟関係、夫婦関係、家族関係、友人関係など、誰かとのつながりの中で育みます。健康のために体を鍛えるのは一人でもできますが、愛は一人では育むことができません。「二人が一つ」になってこそ「愛」を育むことができます。誰もが無意識のうちに一つになろうと努力します。反対に、一つになれないと苦しむのです。親子が一つになれない、夫婦が一つになれない、家族が一つになれない、社員と一つになれないなど、悩みの多くが一つになれないということです。これは、全ての人が愛を求め、愛を実らせるために生きている証拠です。

このような観点から見れば、「個人主義」ではなく「関係主義」で生きることが大切であることが分かります。個人主義は「私・個人」という物差しで全てを判断・評価する生き方となります。合理的なようですが、孤独な生き方です。関係主義は「私たち・関係（二人は一つ）」という物差しで全てを判断・評価します。「あなたあっての私」「私あってのあなた」という観点です。親子、夫婦、兄弟、人間など、全ての関係で「二人は一つ」という意識で生きるならば、愛の実る生き方となります。幸せな人生を生きるために必要な能力は、「二つが一つになる能力」であり、「二つを一つにする能力」です。

●実践ポイント
手のひらを合わせてください（合掌）。「二人は一つ」と唱えながら、今気になっている人を思い浮かべてください。その人と一つになれなくて苦しいのは、自分に対する愛の訓練です。自分の愛の器が大きくなって、相手を受け入れて一つになることができるように祈ってください。

③豊かな財産

健康、愛情だけでなく、環境的な豊かさも幸せの要素となります。幸せな人生といった場合、どのようなイメージを描くかというと、一般的には「金持ち」「裕福」「豪華」となります。

では、どのような人が豊かな財産を得ることができるのでしょうか。誰もが好み、誰もが必要と思っていますが、集まる人には次から次へと集まり、集まらない人にはいくら頑張っても集まらないものです。何が違うのでしょうか？　それは「志の高さ」です。願いが叶う人、夢を実現する人、目標を達成させる人、お金や人が集まってくる人、これらの人には等しく志が高いという特徴があります。何をするのか、いつまでにするのかなどを明確にして、強く思っている人は成功が近づきます。言葉を換えれば、「信念」を持っているということです。努力しても目標が漠然としている人は実りにくいものです。「念ずれば通ず」というように、志を立てて信念を持って歩む人には、人も物も運も寄ってくるものです。

「志の高さ」というと目標の高さ・大きさと考えがちですが、それだけではありません。「動機の高さ」でもあります。「自分がどれだけ得をするか」という動機では、一時的に得をしたとしても、豊かには実りません。自分のためにというよりも、相手のために、家族のために、お客様のために、社会のために、国・世界のためにという動機の高さです。そのような動機を持つ人には良い運勢が後押ししてくれるものです。

このように、夢や志が高い人は豊かな人生となります。夢や志というと、青年たちにとって大切なものと考えがちですが、年齢は関係ありません。いつも高い志を立てる人、大きな夢を持つ人、情熱的な目標を持つ人は、年齢に関係なく若いものです。いつまでも若い人は限界がありません。そのような人は心も体も環境も豊かになることでしょう。

●実践ポイント

志を立てることは人生を豊かにします。自分自身の志は何かということを考えてみましょう。

二、結果を出す三つの姿勢

①謙虚な姿勢

幸せに生きるために有効なのが、人を味方にする生き方、天を味方にする生き方です。それは「謙虚な姿勢」の生き方です。いくら高い能力があっても、自慢話ばかりしている人や傲慢な人は嫌われるものです。反対に、能力があっても、自己主張するのではなく、謙虚な人は周りの人から尊敬を受けるものです。

聖書に次のような聖句があります。「あなたがたのうちでいちばん偉い者は、仕える人でなければならない。だれでも自分を高くする者は低くされ、自分を低くする者は高くされるであろう」（マタイによる福音書23章11～12節）。このように謙虚さの大切さを説いています。

これまで２４００余の企業の再建に関わり、「日本のカルロス・ゴーン」と称される人物がいます。（株）ニコン・エシロール前社長兼ＣＥＯ長谷川和廣氏です。豊富な経験から人を見抜く力に優れています。この方が「できる人ほど謙虚。どんな人にも敬意を払う」と強調しています。著書『5％の人を動かせば仕事はうまくいく』で次のように表現しています。

「私の経験からいって確実なことは、人に動いてもらえる人なのかどうかは、タクシーの運転手さんへの口の利き方を見ればわかります。運転手さんに行き先を尋ねられたとき、『東京駅』というように、ぶっきらぼうに地名だけを告げる人は、まず人を動かせないタイプだと判断してもかまいません。タクシーの運転手さんに対してぞんざいな言い方をするのは、相手を社会的地位で判断している証拠。おそらくビジネスの現場でも、自分の部下や立場の弱い取引先に対して、居丈高な態度を取っていることでしょう。……一方、上手に人を動かせる人は、誰に対しても同じ態度で、丁寧な受け答えをします。相手がもう二度と顔を合わせないだろうタクシーの運転手さんであっても、『すみません、東京駅までお願いできますか』というように、相手への敬意を込めて話します。敬意の念を持って接すれば、相手もそれに応えてくれるもの。もしあなたが急いでいれば、タクシーの運転手さんもいつもよりアクセルを深く踏んでくれるはずです」

人に対する接し方は大きく分けると3種類あります。上司や親など目上の人への接し方、友人や同僚など同等の立場の人への接し方、部下や子供など目下の人への接し方です。どれも大切ですが、一番大切にしなければならないのはどれでしょうか？　人間としての生き方を説くとき、親孝行や目上の人に対する忠の精神を強調するように、目上の人への接し方が大切です。しかし、その人の人間性が最も現れるのは「目下の人への接し方」です。なぜかというと、目下の人には遠慮もしないし、気を遣わないので、その人の本性が現れます。例えば、目上の人には謙遜で目下の人には横柄な態度の人がいたとしましょう。その人の本当の性格は横柄だということです。誰に対しても変わらない謙虚な姿勢が大切だということです。

私は小学3年から10年以上、剣道部に入っていました。良き指導者と出会い、小学生の頃から全国大会に参加し、高校生の時にはインターハイや国体まで参加させていただきました。高校の道場には宮本武蔵の「我以外皆我師」という言葉が掲げられていました。自分以外は全て人生の師として学ぶべきことがあると考える「謙虚な姿勢」です。この言葉は剣道部の指針にもなっており、毎日使う手拭いにも同じ言葉が書かれていました。社会人になっても忘れられない言葉です。

世界的な平和運動である統一運動の創始者、文鮮明先生は、真の人の生き方を「父母の心情、僕《しもべ》の体」と表現されました。誰に対しても子供に対する無私無償の「父母の心情」で接し、誰に対しても主人に仕える僕のごとく奉仕する姿です。この言葉に感動し、「私もいついかなる時も、この言葉を座右の銘として歩んでいこう」と心に刻みました。

●実践ポイント
目下の人に対して、目上の人に対するように相手を尊重する心を持って丁寧に言葉をかけてみましょう。今までの自分の態度を振り返ってみてください。

②素直な姿勢

経営コンサルタント、船井幸雄氏は「成功する人の3条件」として次のように述べています。第一は「勉強好き」です。成功する人は、年齢や経験に関係なく熱心に勉強します。絶えず自分を高めようと努力する向上心の表れでしょう。第二は「プラス発想」です。人を見るとき、「あの人は善い人、あの人は悪い人」を判断することなく、「他者オール肯定」です。過去を振り返って、「あの時は善い時、あの時は悪い時」と捉えるのではなく、「過去オール善」です。どんな時でも、自分にとっては何か意味のある必要なこととして捉えるのです。さらに、全てを楽しく取り組む、「オール楽しみ」で生きる姿勢です。そして、第三の条件が「素直」です。素直は、限りなく成長し成功する要因です。

松下電器（現：パナソニック）の創業者・松下幸之助氏は、「死ぬまで素直でありたい」と言い続けました。万物を生成発展させる宇宙根源の力に対して素直でありたいと祈り続けるならば、宇宙根源の力は全てを生かそう働いているので、万事うまくいくと感じたのでしょう。

『松下幸之助「一日一話」』の中に、次のような言葉があります。

「素直な心の初段

聞くところによると、碁を習っている人は、大体一万回くらい碁を打てば初段になれるということです。素直な心の場合もそれと同じようなことが言えるのではないかと思います。まず素直な心になりたいと朝夕心に思い浮かべ、そうしてたえず日常の行ないにとらわれた態度がなかったかを反省する。そういう姿を一年、二年と続けて、一万回、約三十年を経たならば、やがては素直の初段ともいうべき段階に到達することもできるのではないかと思うのです。

素直の初段にもなったならば、まず一人前の素直な心と言えるでしょう。だから大体において、過ちなき判断や行動ができるようになってくると思います」

このように、素直な心は成功する人の共通点です。スポーツでも、勉強でも、経営でも、人生全て、素直な心で生活すると、限界なく成長するからです。

人が過去の成功体験や失敗体験を踏まえて行動するのは当然です。過去に学ぶ姿勢です。しかし、過度に気にし過ぎると既成概念や固定概念となって、自由な発想ができなくなったり、可能性に挑戦しようとする心を失ってしまう場合もあります。反面、幼い子供は過去に経験がないので、何でも素直に受け入れ、素直にやってみようとします。スポンジが水を吸収するように、何でも吸収する姿です。

限界を一歩超えようとするとき、過去に事例がないことを行うとき、常識外れの挑戦をするときなどの最大の武器は、「幼子の心」です。年を取っても幼子の心を持ち続けることができるのも一つの能力です。

聖書に、次のようなイエス様の言葉があります。

「心をいれかえて幼な子のようにならなければ、天国にはいることはできないであろう。この幼な子のように自分を低くする者が、天国でいちばん偉いのである」(マタイによる福音書18章3～4節)

●実践ポイント
幼な子のような素直な心で、「私は○○ができる！」と唱えてみましょう。素直に信じて口にすることが成功の出発です。

③変わらない姿勢

謙虚な姿勢、素直な姿勢の大切さを説明しました。どちらも相手や環境に合わせる順応性・柔軟性が強調されていますが、さらに必要なのが、「変わらない姿勢」です。凡人には変わりやすいという特徴があり、一流の人には「初志貫徹」の変わらない姿勢があります。

時代の移り変わりに合わせて変化させること、状況に合わせて臨機応変に対処する柔軟性は大切なことです。しかし、理念や志など変えてはならないことに対しては「ぶれない、ずれない、変わらない」という姿勢が大切です。このことを「不易」と言います。

変わらない、変えないことには、志や理念などの心の側面と、行動・実践・生活という体の側面があります。心を変えないというだけではなく、行動を継続できるかが大切です。幸せな人、成功者は「継続力・持続力」を持っています。思いは願っているだけでなく、行動することで実現に近づいていきます。さらに、あきらめないで継続するからこそ実現するのです。思いという心定めが「種まき」だとすれば、行動することで「芽を出す」ことになり、継続・繰り返しこそ「実りを結ばせる」秘訣なのです。

野球などスポーツの世界でも、一流のプロになれるかどうかは、「素振りの繰り返し」の徹底など基本練習をどれだけ真剣に繰り返せるか、どれだけ継続できるかによります。

勉強において不可欠な「記憶」においても、コツがあるとするならば、それは「繰り返し」です。語学の効果的な習得方法は、「音読」と「筆写」であるといいます。

この二つを「只管《しかん》朗読」「只管筆写」と言うことができます。「只管朗読」とは、意味の分かった文章の音読を繰り返す学習法で、「只管筆写」とは、それを繰り返し書き写すことです。「只管」とは「わき目も振らず一生懸命に」という意味です。曹洞宗の開祖、道元禅師が、「只管打坐《たざ》」、すなわち「ひたすら打ち座ることが、それでもう悟りの姿なのだ」と説いています。

江戸時代の「寺子屋教育」では、音読の繰り返しである「素読《そどく》」が行われていました。子供たちが論語や漢詩を暗記できるようになるまで、ひたすら繰り返したのです。音読は、「読むこと」「話すこと」「聞くこと」を同時にできる勉強法です。脳の働きを最も活性化させる勉強法だともいいます。

将棋界で初の7タイトル独占を達成した羽生善治《はぶよしはる》氏は、「才能」について次のように表現しています。

「以前、私は、才能とは一瞬のひらめきだと思っていた。しかし今は、10年、20年、30年を同じ姿勢で、同じ情熱を傾けることができることが才能だと思っている。継続できる情熱を持てる人のほうが、長い目で見ると伸びるのです。同じ情熱、気力、モチベーションを持って『継続してやる』のは非常に大変なことであり、私は、それこそが才能だと思っている」

●実践ポイント
変わらない姿勢を貫きましょう。今、変わらないで継続している行動を挙げてください。

また、これから変わらないで取り組みたい行動を挙げてください。

三、幸せをつくる三つの努力

誰もが幸せになるために努力しますが、実りやすい人と実りにくい人がいます。なぜかというと、努力の中でも的を射た努力と、そうでない努力があるからです。幸せの実りを結ばせる、的を射た三つの努力について説明します。

努力とは何かというと、幸せな方向に変化させることです。自分を変えること、人生を変えることです。変えることは簡単なようで、案外難しいものです。変えるには、心の内面を直視する勇気が必要であり、過去との決別なので、決断が必要だからです。

① 心を変える努力

第一に何を変えるかというと、心です。「内的転換」、具体的には「心の持ち方」「考え方」「捉え方」「発想の仕方」を転換することです。

幸せになるためには、相手や環境を変えるのではありません。相手や環境を変えようと努力することは、的外れの努力だからです。相手を変えることができるのは、相手自身だけです。変える変えないは相手の選択です。それを変えようとするのは、ストレスになるだけです。そこで大切なのが、「自分の心」を変えることです。

「現実」と「事実」は同じことのように捉えがちですが、決して同じではありません。「事実」をどのように見るかによって「現実」は大きく変化します。例えば、「糖尿病」という病気になった人が二人いたとします。二人とも病気になったという「事実」は同じです。しかし、一人は「病気のせいで不幸になった」と嘆いています。もう一人は「病気のおかげで健康の有難さを感じた」と病気を教訓として受け入れています。病気になった「事実」は同じでも、不幸だと感じている「事実」と、教訓として感謝している「事実」は全く違います。このように、「現実」＝「事実」＋「見つめ方・捉え方」ということです。心の捉え方で、現実は１８０度変わることもあります。「肯定的な観点」で見つめるのか、「否定的な観点」で見つめるのかで人生は大きく違います。

「曇り」という事実は同じでも、「よかった！　雨が降らなかった！」と感謝し満足する捉え方と、「何だ、曇りか！　気分が悪いな！」と不満と批判の捉え方かで違います。

「仕事がうまくいかない」という事実があった場合も、「大丈夫！　何とかなるさ！」と可能性を信じて成功するための前進として捉える人もいれば、「ダメだ！　やっぱり難しいかもしれない！」とあきらめと不可能への兆しとして捉える人もいます。

また、人間関係でも「苦手なタイプの人」という事実があっても、「寛容・許し・愛」の心で接する人もいれば、「要求・裁き・無関心」の心で避けようとする人もいるでしょう。このように、心の捉え方が人生を大きく左右します。

発明王として有名なエジソンという人物がいます。彼を研究してみると、発明する発想の素晴らしさだけでなく、心の捉え方が素晴らしいことに気付きます。

彼は、「長く、明るく光り続ける電球をつくりたい！」という願いから研究を重ねていきました。6000種類の素材を試みますが、全て失敗しました。しかし、1年後には13時間の点灯を達成したそうです。さらに、日本の竹を素材にしたフィラメントで900時間の点灯に成功しました。それが、後の「電球」となった大きな発明でした。

驚くのは、彼の忍耐力と努力ですが、それだけではありません。彼はこのように言うのです。「私は失敗をしていない。これまで、この方法ではうまくいかないという発見を1万回したのだ！」。このように、失敗したというような否定的な捉え方を全くしていないのです。

西田文郎氏という「強運開発コンサルタント・メンタルトレーナー」の方がいます。特に、多くのアスリートたちのメンタルトレーナーとして実績のある方です。アスリートだけではなく、経営者や教員など様々な立場の方が彼の教えに耳を傾けています。彼の主宰する塾の名前が「西田塾　日本アホ会」といいます。ホームページの紹介を見ると、「あなたもアホになって、夢を実現し、人生を有意義なものにしましょう！」と説明されています。ここでいう「アホ」とは何でしょうか？　実は、「アホの定義」まで説明されています。

アホの定義

◎99％の人ができないと思うことをできると肯定的錯覚を持てる人

◎一般に言う失敗した際に成功に近づいたと思える人

◎いつもワクワクしている人

アホは「肯定的錯覚」を持っていて、凡人は「否定的な錯覚」を持っているということです。また、失敗した際、「成功に近づいた」と思うのか、「ダメだ」と思うかです。さらにアホはいつも「ワクワク感」があるようです。理由があってワクワクしているのは普通ですが、理由がなくてもワクワクしているというのであれば「アホ」ですね。このように、幸せなアホになることが大切です。

●実践ポイント

自分の心の持ち方・発想の特徴は何でしょうか？　それを今後、どのように転換したらよいと思いますか？　自分の特徴とその転換の方向を考えてみましょう。

例えば、特徴：「すぐあきらめやすい」、転換の方向：「あきらめそうになったら、さらに信じて3回やってみる」。

②行動、態度を変える努力

心の側面、心理的な転換と同時に大切なことが「体の側面の転換」です。行動、実践、習慣を転換させるという「行動的転換」です。願い・構想という「思い」は心に描くだけでなく、「行動・実践・表現」してこそ実り、「実現」するものです。的を射た行動に変えるよう努力するのです。行動を変化させることで幸せを呼び込むことができるのです。

では、どのように行動するかというと、三つの道具があります。その道具の使い方を変えるのです。

第一は「言葉の転換」です。私たちは毎日、言葉を話し、聞き、書いて生活しています。生活の中で切っても切り離せない大切なものです。その言葉の使い方を変えていくことが大切です。

人生を決定する重要な要因を挙げるとすれば、それは「言葉の選択」です。どんな言葉を選択するかで幸・不幸が左右されます。例えば、「肯定的な言葉」を使う人は「肯定的な人生」になり、「否定的な言葉」を使う人は「否定的な人生」になるのです。まさに、「言葉は人生を創る！」ということです。

使う言葉を変えることによって、「意識・発想」が変わっていきます。意識が変わると、「行動」が変わります。行動が変われば、「習慣」が変わります。習慣が変われば、「人生」が変わっていきます。このように、人生の質を変えていくためには、まずは「言葉」を変えることです。成功者や幸せな人は、等しく「言葉を操る能力」に長けています。

ところで、動物・植物など生き物の中で言葉を操ることができる存在は人間以外ありません。人間だけに備わった特性でもあります。これは、聖書に「神にかたどって造った」と記されているように、神様に似た能力です。「神様は言《ことば》（ロゴス）で全てを創られた」とあります。人間も願望や目標を言葉に表して、言ったり、書いたり、使ったりしていると、その言葉どおりに実現するものです。「信仰とは、望んでいる事がらを確信し、まだ見ていない事実を確認することである」（ヘブル人への手紙第11章1節）と聖書に記されているように、望んでいる事柄やまだ見ていない事実を「言葉」に表して創りだす能力を頂いた存在だということを忘れてはいけません。

第二は「表情の転換」です。表情は自分を表すシンボルであり、人間関係で第一印象を決定する要因です。表情の中で一番美しいのは「笑顔」です。笑顔を見ているだけで幸せになっていくように感じます。自分が笑顔になれば、人生が幸せな方向に動き出します。先ほど、言葉を「幸せ言葉」に変えると幸せになると説明しましたが、もう一つ、表情を「笑顔」に変えると幸せになっていきます。表情は「幸せのスイッチ」になっているのです。

人は楽しい時に「楽しそうな表情」をつくります。悲しい時は「悲しそうな表情」をするものです。「幸せな表情」をつくると幸せになるという法則をご存じでしょうか。口癖を変えると心が変わるように、表情を変えると心が変わっていきます。

医学的には笑うことで、副交感神経と交感神経のバランスが整うので、精神的安定が増し、リラックスできるようです。同時に、その場の居心地が良くなり、人間関係がスムーズになります。家庭でも職場でも、笑いがあるのとないのとでは、人々の心が全く違います。笑えばその瞬間、その場はホットな空気になるし、笑った自分も見ている相手もリラックスすることができます。

また、失敗したとしても、その失敗を自分から笑えば、気持ちがスッキリするし、自分を客観的に見直せることにもつながります。失敗を笑いに転化することで落ち込んだ気持ちを吹き飛ばせるなどの効用があります。「笑えない！」と気難しく考えないで、まず笑ってみましょう。

第三は「態度・行動の転換」です。「挨拶をする、奉仕する、手伝いをする、マッサージする、肩もみをする」など、体を使って相手のために生きる態度です。

その中の「スキンシップ」について考えてみたいと思います。人と会った瞬間、まず挨拶をしますが、親しみを持った挨拶になると握手や抱擁などスキンシップの挨拶になります。男女が親密になれば、手をつないだりキスしたりするなどスキンシップが頻繁です。親子でも子供を愛する親は、頻繁にスキンシップをするものです。幼い時、どれだけ親子のスキンシップをしたかは、子供の心の成長と安定にも影響するそうです。子供が大きくなってからでも、気付いた時からスキンシップを心がけましょう。

大阪大学医学部の先生で玉井克人さんという方がいます。玉井医師は「表皮水疱症」の専門家です。通常私たちの皮膚は三層から成っていて、それがくっついているそうですが、「表皮水疱症」の患者はそれが不十分で、夜、寝返りを打つだけで、皮膚がずれて破れてしまいます。ですから、いつも水疱ができるので、それを一つひとつ専用の針で潰し、軟膏《なんこう》を塗らなければなりません。それを朝夕2回しなければならない難病です。玉井医師はこの研究と治療をずっと続けてきて、信じられない現象に気付いたといいます。

それは、この難病を背負っている子供たちが一人の例外もなく、いつもみんな笑顔で実に明るいというのです。その理由は母と子の触れ合いによって活性化される「スキンシップ遺伝子」の働きなのだというのです。要するに、彼らは生まれた瞬間から毎日毎日、朝夕2回、母親が水疱を潰して、手のひらで全身に軟膏を塗ってやるでしょう。その母の手のひらが遺伝子に働きかけ、情動の発達を促して、あの優しい笑顔を生み出していたというのです。それを玉井医師は「スキンシップ遺伝子」と呼ぶのです。

このように、「言葉」という耳を通してのコミュニケーション、「笑顔」という目を通してのコミュニケーション、「スキンシップ」など肌を通してのコミュニケーションを変化させることで、人生は大きく変化していきます。

●実践ポイント
誰かを喜ばせ幸せにするために、あなたの愛を行動で表しましょう。誰にどんな行動をしてみますか。

③霊的背景を変える努力

心理的変化と行動的変化について説明しました。心と体から成り立っている人間ですが、もう一つ大きな影響があります。それは「家系的な影響、霊的影響」です。ですから、「霊的転換」に導く努力が必要です。

人生の出発点である「誕生」という言葉を置き換えれば「生まれた」となります。私たちは人生を生きると言いますが、正確には「生かされた」存在です。自分で自分の誕生を計画した人はいません。いつ生まれるか、どこで生まれるか、どのような顔で生まれるか、男として生まれるか、女として生まれるか、誰を親にして生まれるか……何一つ決定権がありません。まさに、生命は「父母」から頂いたものなのです。その生命は親の親である「祖父母」から頂きました。さらにさかのぼっていけば、「先祖」から受け継いだものです。その根本は第一先祖である「神様」までさかのぼることでしょう。ですから聖書は神様と人間の関係を「親子関係」という観点で表現しています。

親・先祖から受け継ぐものは何かというと、体質であり、気質であり、才能などあらゆるものです。親が亡くなったら先祖になります。いなくなったからといって影響がなくなるのではありません。血統的に、遺伝的に、霊的に影響を与え続けるのです。目に見えない霊界の存在、先祖との関係、子孫への影響などを知り、霊的背景を変える努力が大切だということです。

心理学の心理療法の分野を大きく分ければ、四つの勢力で説明できます。

第一勢力は「精神分析の心理療法」です。1900年、フロイトという人物が「夢の研究」をきっかけに精神分析の基礎となる「無意識を発見」しました。アドラーが人間性のゆがみとして「劣等感」「コンプレックス」など数々の用語を生み出しました。ユングは無意識をより一層深いところまで探求し、「深層心理学」の土台をつくりました。

第二勢力は「行動療法としての心理療法」です。学習理論を背景として行動を変えるというものです。行動修正を通して悪い習慣を取り除き、より良い習慣に置き換える訓練技法です。

1950年代になってアメリカで「行動療法」として心理療法の主流となり、現在ではカウンセリング分野で「コーチング」という名前で再度流行の兆しを見せています。

第三勢力は「人間性心理学の心理療法」です。1960年代から70年代にかけてアメリカで興隆を見た心理学です。現在の日本のカウンセリングや心理療法は大部分がこの人間性心理学の範囲です。人間性心理学を要約すれば、「正常な人を対象にした心理学」「人間の成長可能性を認める心理学」「自己実現を目指す心理学」です。

第四勢力は「トランスパーソナル心理学」です。「自己を超越する意識の段階」があるのではないかと研究され、「個を超える」特殊な意識状態を「変性意識」という用語で説明しました。これまで宗教で「霊」とか「魂」と言った言葉です。臨死体験の意識状態のように、意識が身体から離れて特殊な体験をするという「トランスパーソナルな意識状態」、つまり「変性意識」というものがあるらしいということで説明しています。トランスパーソナル心理学は東洋で言う悟り（無我）のような体験に近づくことになるので、別名「悟りの心理学」とも言われています。

このように、心理学の変遷を見ても、「心の転換」「行動の転換」「霊的転換」の必要性に合わせて研究がなされてきたことを理解できます。私たちはこの三つの観点を持ちながら自らを転換させていく努力が必要です。

●実践ポイント

親・先祖から受け継いだ遺伝的・血統的、霊的影響で何か気付くことを挙げてください。

第三章　豊かな関係をつくる

一、人生を左右する三つの関係

人生は一人で生きるのではなく、関わり合いながら生きています。関わりの状態が調和しているのか、葛藤しているのかなどによって人生の幸・不幸が決定します。関係の中で、特に影響の大きい三つの関係について紹介します。

①自分との関係

まずは「自分自身との関係」です。「自分を肯定する力」のところで説明しましたが、自分をどのように見つめるかが人生にとって大切です。まさに「自分との付き合い」です。人間関係で課題がある人は、ほぼ間違いなく自分との関係が良好ではありません。「どうして私は……」「なんで私は……」「もっとこうであったら……」と自分を見て葛藤するのです。

自分を肯定的に見ること、信頼すること、尊重すること、好きになること、応援する心が大切です。理想的なのは、自分のファンクラブ会長になって応援することです。

大切な人との約束は必ず守ろうとします。約束を破ることは信頼関係を壊すことを知っているからです。同じように、自分との関係が良く、自分を信頼している人は、自分との約束を大切にします。自分との約束を守れる人は「信念」を貫く人です。

1990年代、「TVチャンピオン」の「ラーメン職人選手権」で三連覇を果たした「一風堂」の河原成美氏。全国展開していた「一風堂」の名前も広がる一方で、ニューヨークや香港など海外にも進出しました。「なぜ、商売が成功したのか」、この質問に対して、次のように答えます。「常に自分との約束を愚直に守り続けたから」。

彼が商売を始めるとき、自分に対する決め事を三つ作ったそうです。
一、3年間は休まない
一、売り上げゼロの日を作らない
一、35歳までは天職に就く
なぜ、このような決め事を作ったのかというと、次のように説明しています。

「それは自分で自分のことが信じられなかったからだ。私は何よりも『内なる自分と信頼関係を築く』ことが大切だと思っている。とかく人は他人から援助や協力を求めたがる。しかし、一番大切なのは自分からの信頼だ。だから自分との約束を守り、掲げた目標を達成する。それをやり遂げるまでの姿を、内なる自分はもちろん、他人も必ず見ているものである。そこから『あいつは言ったことをやる奴だ』という、周囲の信頼も生まれ、自然と協力の輪が広がっていくのではないだろうか」

自分と約束しても、誰も知らないことだからとすぐ破る人もいれば、大切な自分との約束は絶対守るという人もいます。誰も知らないことですが、人間としての成長に大きな開きが出てくることでしょう。「内なる自分と信頼関係を築く」ことは大変重要なことです。その約束の基準は、他人との約束や神様との約束を守る土台になるからです。

●実践ポイント

自分との約束をしてみましょう。それを最後まで必ず守ることを、大切な自分と約束してください。

②家族との関係

人間関係の基本は「家族」です。生まれた瞬間、初めて体験する人間関係は親との関係です。物心ついた時からお兄さん、お姉さんとの関係があります。もう少しすると、弟や妹が生まれてきます。このような兄弟姉妹の関係の延長が友達関係です。さらに多くの人の中から一人の人を決めて出会うのが結婚です。結婚の瞬間に夫婦関係が生まれます。夫婦が一つになれば子供が生まれ、親としての親子関係を体験します。このように、人生は「家族との関係」が全ての土台になっています。

多くの人の家族に対する見方には一つの特徴があることを発見します。それは、家族に対して無意識に「否定的な目」で見るということです。近所の人や同僚・友人など、少し離れた関係では、寛容性があります。少し失礼なことがあっても、「許しの心」で受け止めることは案外できるものです。一方、親子、夫婦、兄弟など家族に対しては、一転して寛容性が乏しくなります。厳しい目で見つめたり、シビアな評価をしたり、口調も厳しくなったりする場合があります。この違いはどこから来るのでしょうか。遠い関係では初めから期待もしていないので、期待外れもあまりありません。しかし、家族に対しては愛に対する期待、信頼に対する期待が大きいので、その分、厳しいチェックをしてしまうのです。家族は最も身近で、接している時間も長いです。だからといって、簡単な関係なのではありません。家族関係は本物の関係だからこそ難しい関係であることを再認識することが大切です。第三者からある程度尊敬される人になることよりも、身近な子供から尊敬される父親になること、配偶者から尊敬される夫・妻になることのほうが難しいのではないでしょうか。

家族に対して不満ばかり持っていると、全ての人間関係にその不満の思いが影響します。親に対する怒りや裁きの思いを持っていると、親以外の人間関係でも、つい怒りが湧いてくるのです。家族関係はそれほど影響が大きいということです。

では、どうしたらよいかというと、「否定的な目」で見ていたことを「肯定的な目」で見つめ直すことが重要です。人生は過去に戻ることはできませんが、過去の解釈を変えると人生を変えることができます。

例えば、ここに一冊の本があるとしましょう。10年前に読んだ時は難しくて意味も分からず、「つまらない本」と思っていました。10年後に改めて読んでみた時に、内容に共感し感動したとしましょう。これは本が変わったのではなく、読む私の解釈が変わっただけです。解釈によって、「つまらない本」が「感動の本」に変化したのです。それによって過去の記憶も変化します。このように、親・家族に対する否定的な目を変えて、肯定的な目で見つめ直すのです。その時に新たな解釈が生まれたら、人生が変化するのです。肯定的な目で出会い直しましょう。

●実践ポイント
家族一人一人の長所、良いところを探して書いてみましょう。肯定的な目で見つめ直しましょう。

③先祖との関係

家族との関係が大切だと説明しましたが、もう一つ、「目に見えない家族」という存在があります。それが「先祖」です。先祖は目に見えなくても、私たちに大きな影響を与え続けています。

親から与えられ生かされて愛された生命ですから、「親孝行」という姿勢が天理天道にかなった生き方となります。親に対しては「孝行」、先祖に対しては「供養・崇拝」の心が大切です。

先祖に対する姿勢については、長い歴史を通じて日本人は大切にし、深めてきました。日本に仏教が伝来される前から「祖霊信仰」というものが定着しており、先祖を供養する伝統がありました。日本の祖霊信仰は、独特の捉え方があります。祖霊信仰に基づく祖先崇拝は四つの特徴を持っています。

第一は、死んだ祖先の霊、あるいは祖先につながる神を、「カミ」（神、上）として崇め、最高位に置く信仰です。一定の年月を経過して死の穢《けが》れがなくなり、浄化した祖先たちの御霊《みたま》を「祖霊」と呼ぶのです。

第二は、祖先霊が子孫の祀《まつ》りを受けるために「あの世」と「この世」を往来するという信仰を持っています。

第三は、祀りは生者と死者（死んだ祖先）の交流儀式であると考えます。

第四は、祀りの結果、祖先は子孫に祝福を与え、守護する存在になると考えています。

日本では「神仏」という表現があるように、先祖と神様を一つにして考えて大切にしてきました。しかし、先祖を神様のように崇拝してきた祖霊信仰とともに、第一先祖である神様への信仰を深めることが大切です。私たちは先祖を慰労するための供養はできますが、救いは神様がするものだからです。私たちが神様に善を積む徳によって先祖が救われていくのです。神様・天の前にいかに生きるかが大切になります。

私の生まれ故郷である山形県庄内地方には、西郷隆盛を祀る「南洲神社」があります。西郷の言葉である「敬天愛人」を刻んだ石碑があります。かつて西郷率いる薩摩藩（鹿児島）と庄内藩の戦《いくさ》において、庄内藩が敗れました。厳罰を覚悟する庄内藩に、思いがけなく許しの寛大な処置が与えられました。驚いた庄内藩の殿様は、背後に西郷隆盛という偉大な指導者がいることを知り、藩士たちを鹿児島まで出向かわせ直接、西郷の教えを受けさせました。その教えをまとめたのが『南洲翁遺訓』です。今となっては、日本中、西郷隆盛を知らない人はいませんが、その名を広めたのは地元鹿児島の人ではなく、山形人だったのです。彼の有名な言葉「敬天愛人」は日本人の心に多くの影響を与えました。

「敬天愛人」とともに、三つの掟《おきて》、「負けるな（克己）」「嘘を言うな（誠）」「弱い者をいじめるな（仁愛）」を徹底して教えられます。西郷の人格形成、考え方には禅、陽明学、そしてキリスト教の影響があったようです。

西郷隆盛は、自分の恩師や志半ばで散った同志の月命日には必ず供養をしていたそうです。しかも、旅先においてもそれを続けました。この一事をもってしても、その至誠は凡人には到底まねできるものではありません。それは常に天を仰ぎ、天に恥じない生き方を続けていたからこそできたのだと思います。

このように、先祖を敬い、神様を敬う姿勢は、人間としてあるべき最も大切なことでしょう。目に見えない家族を意識して生活していきましょう。

●実践ポイント

生活の四つの節目（朝起きた時、食事をする時、出かける時、帰った時、休む時）に、先祖と神様に挨拶するようにしましょう。

二、人生の分岐点となる三つの出会い

人生には様々な節目・分岐点があります。その分岐点には大きな変化があります。時には「喜び」と「悲しみ」だったり、「恩恵」と「損失」だったりします。この人生の転機を「チャンス」として生かせるように選択することが大切です。

成功した実業家や一流のアスリートなど、世の中から注目される人の生い立ちを見ると、共通点があります。それは、「絶望」や「どん底」を味わい、そこで自分を変えてはい上がってきた過去を持っているということです。振り子のように、「苦労」という方向に大きく揺れた場合、反対の「幸福」という方向に大きく揺れていくということでしょう。

「苦しいこと」は、神様がくれたプレゼントである！

「つらいこと」は、神様がくれたプレゼントである！

「失敗」は、神様がくれたプレゼントである！

どんな困難も「神様の試練」だと受け止める！

このような精神で人生の転機を生かすことが大切です。その人生転換の秘訣《ひけつ》が、「出会い」を生かすということです。様々な出会いがありますが、最も大切な出会いを三つ紹介します。

①親との出会い

人生の最初に出会うのが親です。「三つ子の魂、百まで」と言うように、人生の土台となるのが「親との出会い」です。親子関係は密接なつながりがあります。「遺伝」を通して似ているものです。「血統」を通して相続されています。「教育」を通して考え方も受け継ぎます。「関係」を通して影響し合うものです。

多くの人生相談を受け、カウンセリングをしていると、「親子関係」の影響の大きさを実感します。例えば、きょう初めて出会った方を知るために一つしか質問ができないとしたら、躊躇《ちゅう》せず、「あなたの親はどのような方ですか?」と尋ねるでしょう。それに答える表現や表情などを見て、その人の性格などを感じ取ることができます。それほど影響が大きいものです。その親子関係が調和し、一つになっているならば、人生は幸福な方向に大きく導かれるでしょう。しかし、葛藤と不一致の関係だと、全般的に多難な人生となります。一つになれていない人は、どんな年齢であろうと、親との出会い直しが必要です。

では、「親子関係」が子供の人生に与える影響について、いくつか紹介したいと思います。

(1)親の肯定的な心（愛情・信頼・親しみ・尊敬・共感）だけではなく、否定的な心（裏切り・憎しみ・拒否・嫌悪・軽蔑・恨み）も子供にプレゼントされる。子供はもらう時、良いものか悪いものかも分からず、ただ受け取る。

(2)親から愛され足りないという思いが、人間関係（特に夫婦関係）を悪くする。親に対する「怒り」を持っているほど、無意識のうちに全ての人間関係が怒りによって壊れやすくなる。

(3)親に対する怒りがあるのに、それを強く抑えていると、自分の本当の気持ちが怒りで妨害されて、把握できなくなる。自分の気持ちと向き合うことなく、感情に蓋《ふた》をした状態になる。極端な場合、無表情になり、「無気力・無感動・無関心」にもなる。感情を抑えるということは、喜怒哀楽の感情を抑えることであり、喜びも抑えてしまう。

(4)子供はみんな親のことを「好きだけど嫌い」（親を求める気持ちと満たしてくれない親への怒り）という、相反する思いを持っている。正反対の二つが共存すれば、心の中で葛藤が繰り広げられる。親が嫌いという感情が優勢だと、対人関係の問題が次々に発生するようになる。例えば、恋愛でも「ひどい相手で別れたほうがいいと思うのに、別れられない」など、頭で考えることと感情が正反対（愛情と憎しみの同居）になる。

このように、親子関係は子供の人生に対して、幅広く深く大きな影響を与えるものです。意識していなくても、無意識の領域に深く影響を与えています。子供の悩みは、親が「親らしくない」という課題があります。親が正しい愛を与えていたら、子供は本来の個性を発揮して素晴らしい人生を歩むことでしょう。しかし、親の課題の背後には祖父母と親との親子関係の課題もあります。一つになれないすれ違いは、葛藤を通して憤り、怒りを形成します。怒りは破壊の衝動ですから、何かを壊したくなります。

このように、親自身も「無自覚の怒り」を持ち、子供に対しては愛している反面、「無意識に偽りの愛を与える」という結果になってしまいます。子供も「無自覚の怒り」を持ちながら、それを解決できず、「無意識に不満を我慢・抑圧する」結果になってしまいます。その結論が「親子愛の喪失」です。

では、そのような「親子関係」の改善はどのようにするのでしょうか。

まず、自分の心と向き合い課題を見いだす「気付き」が必要です。「誰のせいで……」「何のせいで……」と犯人捜しをしても、発展はありません。自分の心を見つめる姿勢が大切です。

次に、自分を「責める気持ち」からの解放です。親子関係のすれ違いで傷付いた子供は、「どうせ、私が悪いんでしょう……」という自虐の念を持っています。心の葛藤を受け止めて認めるところから自己肯定する気持ちが芽生えてきます。

さらに、「家系的・血統的課題」の発見です。私だけでなく、親の課題、祖父母の課題、先祖の課題など、血統的課題があるという広い視野で見つめることで、冷静な観点から新たな気付きが生まれます。

また、自分らしい個性を再発見し「自尊感情」を持つことです。自分に対する誇りを取り戻していくことです。

さらに、「信じる心」を深めることです。自分を受け入れ信じる心から、他者を受け入れ信じる心に発展していきます。人生に対する肯定感から「生かされた・愛された」ことを感じ取り、「感謝する心」を持つようになります。

そして、心に「おかげさま」の思いが満たされれば、誰かにお返ししようとします。生命の起源であり最初に関係を結んだ親の願いに生きようとしたり、親を喜ばせようとする「孝の心」で生活するようになります。また、初めは孝の心情が深く伴っていなくても、親に侍る生活など親孝行の行動の中で心情が復帰されることもあります。

② 師との出会い

人生の土台となる出会いが「親との出会い」であるとすれば、人生を飛躍させる出会いが「師との出会い」です。学校の先生との出会い、部活動の指導者との出会い、上司との出会いなど、人生の大きな転機となる出会いです。勉強においても、スポーツにおいても、人生においても、「指導者」は、字のごとくに道を指し示し導く者ですから、大きな影響を与えます。

私も小学3年生から剣道をしましたが、その剣道の師匠は私の人生に大きな影響を与えました。私の両親は優しい人でしたが、その指導者は大変厳しい人でした。小学生の時、稽古中に足蹴りされて脳震とうを起こしたことも思い出の一つです。厳しく「努力と忍耐と継続」の大切さをたたき込まれました。また「努力は必ず実る！」ということを体験的に教えられました。幸運にも素晴らしい指導者と出会えたことは有り難いことで、後の人生の教訓となっています。

メンタルトレーナーの西田文郎氏が次のように語っています。

「人生の『夢』がない者には、理念がない！『理念』のない者には、信念がない！『信念』のない者には、計画がない！『計画』のない者には、実行がない！『実行』のない者には、成果がない！『成果』のない者には、『幸福』がない！」

夢が理念となり、信念となり、計画となり、実行となり、成果となり、幸福をつくりあげるというのです。注目したいのが、最初の「夢」です。夢や願いを持つところから人生の大きな変化が成されるというのです。もし、夢を明確に描けなければ、「憧れる人」を持つことから「理想の姿」を描き始めることができます。夢を描くことと師を持つことは、共に志を高くしてくれます。まさに、「人生の師」を持つことが大切だということです。

その師は、決して目の前にいる人だけではありません。テレビに出てくる有名人や人生に影響を与える本との出会いも同じです。本は人生の師との出会いの宝庫です。人生は一度しかありませんが、本は多くの人の人生を短時間で圧縮して知り、教訓を学ぶことができる、まさに人生の参考書です。私の場合、学生時代に年間50冊の本を読むという課題がありましたが、それが本を読む習慣になった良いきっかけでした。

また、西田氏は次のように解説しています。

「師を持つと素直になり、物事をすんなり吸収できる。

師を持つと素直になり、迷わなくなる。

師を持つと素直になり、向上心が出てくる。

師を持つと素直になり、素直さのエネルギーが出て、がむしゃらになれる」
「師とは、自分より能力の高い人間、
何かに打ち込んでいる人間、
自分を怒ってくれる人間、叱《しか》ってくれる人間、
自分より優れたところのある人間、
自分にない何かを持っている人間」

このように、師との出会いは自分自身を「素質や才能」まで変えていく力があります。師は「道しるべ」となり、「手本」となり、「理想」となります。師と呼べる尊敬する人を持ちましょう。

●実践ポイント
人生の師と呼べる人は誰ですか？　また、その理由は何でしょうか。

③ 夫婦の出会い

人生の重要な出来事の中で、誕生と死は自分で決定することができません。いつ誕生するか、いつ死ぬか、どのように誕生するか、どのように死ぬかも分かりません。それ以外で、自分が決定できる重要な出来事が「結婚」です。

生まれてから死ぬまでの大切な行事のことを「冠婚葬祭」と言います。「冠」とは成人式であり、「婚」とは結婚式であり、「葬」とは葬式であり、「祭」は先祖のための祭事です。全ての行事が神様を中心とした儀式ですが、「結婚式」は神様を中心とした出会いの儀式です。最も神聖な出会いとなります。誕生してから幼年期、少年期と内外共に成長し、成熟した成人として完成したら、結婚を通して男女が一つになって出発する、これが人生行路です。これを見ると、男女共に結婚というゴールに向かって成長しています。結婚という目的を成就するために準備するのが成長期間のようです。

人間の人との関わり合いの原点は「夫婦」ではないでしょうか。夫婦のことを「一組」「一カップル」「一双」と言うように、一つなってこそ人間として完成するのではないでしょうか。この世界が雄と雌、雄しべと雌しべ、男性と女性のペアになっているように、夫と妻は切っても切れない関係です。

陽性と陰性という極と極ですから、違うのは当然です。「夫は私と違う！」「妻は私と違う！」と葛藤するのではなく、受け入れるしかないのです。それが賢い生き方であり、愛の生き方です。

「結婚」は貴いことであると分かっていても、しばらくすると葛藤して別れてしまうことが多くあります。何が問題かというと、「動機」の問題があります。

「あなたはなぜ結婚したのですか？」と尋ねられたら、誰もが「幸せになりたいから！」と答えることでしょう。まさか「不幸になろう」として結婚はしません。この「幸せになりたいから」という動機で結婚した場合、相手の存在は「私を幸せにしてくれる人」となります。もし私が幸せを実感できなければ、「あなたのせいだ」と目の前の配偶者に指をさしてしまうかもしれません。そして、相手も同じように思っているかもしれません。これは「自分の幸せを動機」とした結婚です。

幸せになる本当の動機は、「相手を幸せにしてあげたいから結婚する」とならなければなりません。「相手のため」という利他的な動機こそ「愛」だからです。もし、相手が「私はまだ幸せではない」というならば、自分のせいだと戒めて努力すればよいのです。このような愛を動機にしてこそ、本当の夫婦になれるのです。一つになる接着剤が愛だからです。

しかし、多くのカップルが壊れていくのは、愛ではなく「好き」という感情で出会っているからです。「あなたを愛しています」と「あなたが好きです」とは、ほとんど同じように使われる言葉ですが、実は根本的に違います。愛は「相手のためにという利他的衝動」です。一方、好きは「自分を中心とした自己満足・気分」です。また、愛は「犠牲と奉仕の投入」ですが、好きは「関心と好感という受け身」です。さらに、愛とは「永遠を懸けた誓い」ですが、好きは「一時の感情」であり、永遠を懸けた保証はありません。

このように夫婦の出会う動機が、夫婦愛の質を決定するのです。夫婦愛から子供が生まれ、親子愛が育まれてきます。子供が増えれば、兄弟愛が育まれます。家族が増えれば、家族愛が育まれます。まさに、家族愛の出発点が「結婚」です。結婚が家庭の出発なのですから、結婚が本当に大切になります。

結婚を決定する要件として何が最も大切でしょうか。容姿、年齢、職業、経済力、性格、相性、将来性、家庭環境など様々あります。一方、離婚する夫婦の理由を調べてみると、圧倒的に多いのが、「性格が合わない」「考え方が合わない」というものです。しかし、結婚するときは相性が合う、気が合うと感じて結婚するのですから、性格ではなく「価値観が違う」というのが原因でしょう。離婚の理由が「価値観の違い」であれば、結婚の要件の中で最も大切なものは「価値観の一致」ではないでしょうか。結婚観、家庭観、人生観などを一致させて結婚することが大切なのではないでしょうか。

結婚していない人は、共通の家庭観を持って結婚しましょう。既婚者は、いま一度、出会い直して再出発しましょう。

●実践ポイント
夫と出会って良かったこと、妻と出会って良かったことを挙げてください。

第四章　幸せを実現する

一、幸せを実現する三つの思考原則

人は順境で楽しいことがあると幸せと感じ、逆境でつらいことがあると不幸と考えがちです。しかし、どんなに上手に生きても順境だけの人はいません。順境もあれば逆境もあるのが人生です。問題は、快楽度が高いと幸せで、低いと不幸という単純な物差しだけではいけないということです。事の重要度の高い、低いという物差しを併せ持つことが重要です。人生は一瞬一瞬が判断・選択の連続です。その時、どのような判断をするか、「人生の座標軸」をしっかり持つことが必要です。船が安全に正しく航海するためには羅針盤が不可欠であるように、人生を幸せに導くためには「人生の羅針盤（物差し）」が必要です。

東洋思想家の安岡正篤《まさひろ》氏が「思考の三原則」として、次のような考え方の原則を紹介しています。

「私は物事を、特に難しい問題を考えるときには、いつも三つの原則に依《よ》る様に努めている。第一に、目先に捉《とら》われないで、出来るだけ長い目で見ること、第二は物事の一面に捉われないで、出来るだけ多面的に、出来れば全面的に見ること、第三に何事によらず枝葉末節に捉われず、根本的に考えるということである」（『安岡正篤一日一言』致知出版社）

このように、思考の三原則として「長期的の原則」「多面的の原則」「根本的の原則」があります。順番に説明します。

①長期的の原則

「短い時間軸」よりも「長い時間軸」を持つ、という「長期的の原則」です。日々の生活の中で、いつも気になるのは目先の出来事です。今すぐやらなければならないことは、今判断して行動しなければならないからです。しかし、目先のことだけに追われていると現実に振り回されてしまいます。事の緊急度の高低だけで判断するのではなく、事の重要度の高低という判断基準が必要です。

当然、誰もが「緊急で重要なこと」を最優先します。他には「緊急だけど重要ではないこと」「緊急ではないけれども重要なこと」「緊急でもなく重要でもないこと」があります。大切なのは、二番目の選択をどれにするかです。凡人は「緊急だけど重要ではないこと」を選択しがちです。常に、「緊急度」という物差しが中心軸になっているからです。しかし、本質的な人生を歩む人は、二番目に「緊急ではないけれども重要なこと」を選択しているのです。例えば、このような本を読むことは緊急ではありません。しかし、将来的には大切なことです。将来の計画を立てることも緊急ではありませんが、人生にとっては大切なことです。このように、緊急ではないけれども大切なことを準備して取り組めるかが人生を飛躍させていく秘訣《ひけつ》になります。

長期的の原則といっても、まずは現在の状況をしっかりと把握することが重要です。きょう一日の歩みを心に刻むために有効なものが「日記」です。長く書かなくても、要点を突いて書き込むことで心が整理されます。私もある期間熱心に書いていました。私の日記は簡単です。三つしか書きません。第一に「感謝・感動したこと」です。第二に「反省したこと」です。最後に「あすの目標」です。

感謝・感動したことを探し続けると、感動の感性が高まります。反省したことを書くことで謙虚な心となり、向上心を高めることができます。さらに、あすの目標を書くことで、未来に対して準備する心を養うことができます。あすの目標を決める、1週間の目標を決める、1カ月、1年、3年、5年先の目標を決めることで、時間軸を長くすることができます。まだ見ぬ未来のことですから「イメージ力」をフルに用いるのです。イメージする力、準備する力は人生を豊かにします。

ソフトバンクグループの創業者である孫正義社長は、19歳の時に「人生50年計画」という夢を描いて、現在までその夢を計画したごとくに実現してこられました。その計画とは次のような内容です。

「20代で名乗りを上げ、30代で軍資金を最低1０００億貯め、40代でひと勝負し、50代で事業を完成させ、60代で事業を後継者に引き継ぐ！」

常に「志高く！」をモットーに未来の夢を描いて準備してきました。イメージする「想像力」は、新しいものをつくり出す「創造力」として発揮されるものです。いま一度、遠い未来を見つめ、志高く夢を描いてみましょう。

●実践ポイント

今後、実現したい、挑戦したい、果たしたい「目標・願い・夢」を自由に書いてください。

② 多面的の原則

次に、「一面的視点」よりも「多面的視点」を持つ、「多面的の原則」です。一面的というのは「私から見た視点」です。何事も最初に認識するのは、私から見た視点です。幼い子供は常に自分の目で全てを判断しがちです。しかし、自分の視点だけだと「自己中心的な人生」になりかねません。自分の視点だけでなく、様々な視点から見つめる目を持つことが大切です。多面的な視点の第一歩が、「相手の立場からの視点」です。相手の立場になったつもりで見つめると違った景色が見えたり、違った感覚を得ることができたり、違った気付きがあったりします。違った角度で家庭や職場を見つめ直してみましょう。

「商売上手な人」とは、どのような人を言うのでしょうか。それは「お客様の立場」になって商売を準備することができる人です。「優秀な先生」とは、「生徒の立場」になって勉強を教えることができる先生です。「有能な政治家」も、「国民の立場」になって一番必要なことに対して勇気を持って行うことができる人です。「良い妻」とは、「夫の立場」になって考え行動できる人であり、「良い夫」とは、「妻の立場」になって考え行動できる人のことでしょう。

このように、相手の立場になって見る視点が大切です。お互いの関係性のバランスが大切です。「Ｗｉｎ−Ｗｉｎの関係」「調和した関係」をつくるためには、両方向から見つめる視点が必要です。「私の立場」だけでなく、「相手の立場」からの視点を持ち続けると、「第三者の立場」という客観的な視点が備わっていきます。一点よりも三点のほうが重心を安定させるように、心のバランス感覚が高まります。同時に三者の立場から見る習慣が身に付くからです。さらには、第四者の視点である、普遍的な天の目（神様の目）という究極的な軸が定まっていきます。

●実践ポイント

相手の立場で自分を見つめてみましょう。相手の立場（夫であれば妻、妻であれば夫）になって、伝えたい言葉を考えてください。感謝や愛の言葉でもいいし、変わってほしいところ、気付いてほしいところでもよいです。一言、言いたいことを考えてみましょう。

③ 根本的の原則

最後に、「臨機応変の考え方」より「根本的な考え方」を持つ、「根本的の原則」です。臨機応変とは、状況（環境）に応じて対応するということです。雨が降りそうだったら傘を持って出掛けるとか、相手が困っていたら手助けしてあげるように、状況に応じて行動することは大変重要なことです。しかし、人生の考え方を常に状況に合わせてばかりいたら問題です。状況に合わせていても問題があることを忘れてはいけません。

例えば、西洋医学は「対処療法」といわれます。風邪をひいて熱が出れば薬や注射をして熱を抑えます。病気をしたら手術をして患部を取ったり、悪い細胞を殺したりします。しかし、「治療すること」と「健康になること」は決してイコールではありません。イコールに近付くこともありますが、反対に、治療によって副作用の影響で健康を害することもあります。顕著なものが「抗がん剤」です。がん細胞を殺すものですが、健康な細胞まで殺してしまって免疫力を失う可能性もあります。

「対処療法的な人生」というものを考えてみましょう。「困難」があったら楽な道を探す。「苦悩」があったら苦悩をなくす努力をするなどです。しかし、「悩みを解決すること」と「幸せになること」は決してイコールではありません。幸せに近付くのは確かですが、またさらなる悩みが生じる可能性もあります。

大切なことは「根本的な対処」です。「根本的」とは、物事が成り立っているおもとに関するさま。「物事の原理原則」という表現もできます。治療することによって健康になるのではなく、「健康の原理」に基づいて生きるから健康になるのでしょう。具体的に言えば、健康になる「正しい食事」をすること、健康になる「正しい生活習慣」を身に付けることです。

健康に良くない生活習慣が原因の病気のことを「生活習慣病」、または自己管理欠陥病と表現したりします。同じように、人生も悩みを解決したから幸せになるのではなく、「幸福の原理」に基づいて生きるからこそ幸せになるのです。具体的には、幸福になる「正しい心がけ」を持つこと、幸福になる「正しい行動」をすること、幸福になる「正しい生活習慣」を身に付けることです。

ところで、「原理に基づいて」と表現しましたが、誰がそれを原理として定めたのでしょうか。決して人間が多数決で決定したものでないことは分かるでしょう。人智を超えた次元の話です。ある人は「サムシング・グレート」と呼び、「宇宙意志」や「宇宙の根源」など、様々な表現がされますが、一言で言えば「神様」です。キリスト教では、神様は「愛」であると説いています。仏教では「慈悲」、儒教では「仁」という表現があります。表現は違いますが、いずれも「本物の愛」を説いています。原理の根っこは「本物の愛」ではないでしょうか。「愛を動機とした考え方」こそ、原理的な考え方と言えます。

●実践ポイント

人生の指針、人生の座標軸となる「座右の銘」を書いてください。もし、明確でなかったら、今からいくつか考えてみましょう。

二、人生を本質的にする三つの質問

講演会などで講話を聞いている時、「なるほど！」「そうか！」「そうだね！」と思ったことがあるでしょう。テレビを見ている時でも同じ思いになったことがあるでしょう。「なるほど」と思った瞬間、理解が深まり、気付きや悟りを得たり、感動したりします。充実した幸せな人生を得るためには、人生の深まりが重要です。

この深まりというのは、誰かから教えられた時にだけ得られるものではありません。物知りから知識を教えてもらったり、人格者からアドバイスをもらったり、本を読んで参考にする時はもちろんですが、自分で気付いたり、自分で悟ったり、自分でひらめいたりすることもあります。その瞬間は、教えられた時よりも印象深く心に刻まれることが多いかもしれません。

この気付きを引き出すのが「質問」です。質問を聞くと無条件に答えを探し始めます。例えば、突然、「今朝、ごはん食べましたか?」と言えば、目の前にいる人は「はい、食べました」ととっさに返事を返してきます。「答えてください」と促さなくても、質問を聞いた瞬間、答えようとする習性があります。ですから、質問は関心のあるなしに関係なく、考えるきっかけになります。ですから、物事を深く考えない人に対して考えさせる秘訣《ひけつ》は質問することです。そうすると自然に考え始めます。考えないからといって、「もっと考えろ！」と怒ったとしても、ただ萎縮するだけで考えません。

私たちの心には「顕在意識」と「潜在意識」があります。顕在意識とは「自分が気付いている自分」です。一方、潜在意識は「自分の気付いていない自分」です。答えの多くが、顕在意識ではなく、潜在意識の中にあるので、そこを探さないといけません。その時、潜在意識を映す「鏡」に当たるのが「質問」です。質問に答えようとすると、「そういえば、これだ！」「そうか！」と「気付き」が与えられるものです。

また、なんとなく考えていたことをさらに深く「考える」きっかけになるのも質問です。すぐ答えが出てこなくても、答えを出そうとするエネルギーは働き続けますから、時間が掛かったとしても出てくるものです。そこで得た答えは、人から教えられたことでもなく、説得されたことでもなく、自分で見いだした答えとなります。すると、「自分自身の答え」という当事者意識が強くなり、心に強く刻まれます。

その質問は「自分」への質問であっても有効ですし、「相手」への質問でも有効な結果を出してくれることでしょう。

このように、「質問」は人生を本質的に深める力があります。自分で探し、自分で気付き、自分で決定するという「主体性」「主人意識」を育んでくれる効果もあります。まさに、「コーチング」です。心静かにして、本質的な質問を投げ掛け続けましょう。答えは必ず出てくるはずです。

① どこ（目標・ゴール）に行くのか？

人生は「歩むもの」であるとすれば、どこに向かって歩むかという問題が出てきます。「どこ」とは「ゴール・目標」です。マラソンランナーは長い道のりを走り続けますが、ひたすらゴールを目指して走ります。そのように、いま私の歩みはどこに向かっているかを明確にすることが必要です。当たり前のことのようですが、案外、曖昧《あいまい》なまま走っている場合が多いのです。一生懸命歩むこと、熱心に歩むこと、頑張って歩むことも重要ですが、どこに向かって歩むかがもっと大切です。

素晴らしい人生を歩んでいる人たちは、ほとんどが明確な目標・願い・ビジョンを持っています。しかし、明確になっていないからといってあせる必要はありません。繰り返し自分に質問を投げ掛けていけばよいのです。「どこ（目標・ゴール）に行くのか？」という質問です。さらには、「何をしたいのか？」「どのようになりたいのか？」「何を得たいのか？」「どんな状態がいいのか？」。このような質問を投げ掛けながら、幸せの「ゴール」を明確にすることです。

「和民」という居食屋や介護事業、学校経営など幅広く事業を展開するワタミ・グループの会長の渡邉美樹氏は、夢を描く天才の一人です。何もないところから夢を描きながら「『ありがとう』を最大に集める企業」を目指し、発展し続けています。彼の夢に対する、体験に基づいた考え方を紹介します。

- 「夢」を持ち続ける限り必ず「夢は成る」と信じる。
- 「夢に向かうプロセスの中で人間性を高める」ことが人生の最大の目的。
- 夢は成長するものだ。
- 敵はあくまでも「きのうまでの自分」です。「きのうまでの自分」とのレースに打ち勝てば、きょうの自分はより成長した夢を見ることができるのです。
- 「やりたいことが見つからない」という人は、「やりたいことを見つける日」自体を計画するのです。

・夢を描く時には、決して自分自身を過小評価してはいけません。できるだけ大きな夢、高い目標を掲げるのです。
・人生にもし成功の秘訣があるならば、それはあきらめないことだけです。世の中に失敗は一つもありません。ただ、あきらめたときが失敗であり、あきらめたときに物事は終わります。あきらめない限り、失敗はない。
・夢は実現すべきもの。夢に日付けを入れて、きょうの行動を変えるところから始めよう。
・情熱（達成への燃えるような思い）、勇気（弱い心に立ち向かう心）、誠実（嘘をつかないこと）、継続（あきらめないこと）、想像力（達成した夢をカラーで何度も頭に描き続けること）、友情（一人では何もできない）が大切。

仕事の夢、家庭の夢、個人の夢など、様々な観点で自由に考えてみましょう。年齢も、能力も、経験も、性別も関係ありません。思うところから全てが出発します。

●実践ポイント
夢の実現のために、現在取り組んでいること書いてください。さらに、今後取り組みたいことも考えてください。

②何（役割・使命）をするのか？

人生のゴールを描くこととともに、大切なのが「役割・使命」の自覚です。人それぞれ、唯一の個性を持っています。周りの人と比較して価値が決定されるものではありません。勉強ができる順番や背の高い順番は付けることができても、価値の順番は付けることができません。一人ひとりには絶対的な価値があるからです。

しかし、その価値を発揮できている人と、できていない人がいます。その違いが何かというと、「役割・使命」を自覚して生きているかどうかです。個性を磨いて「自分らしく」生きることが大切です。神様が与えてくださった原石のような「個性」を磨いて伸ばす責任がありま す。生まれてきたということは、神様の願われる役割、使命が必ずあるはずです。自己のアイデンティティー（正体性）を見つめ直し、再発見しましょう。

「幸せな成功者育成塾」というユニークな塾があります。経営コンサルタントの中井隆栄氏が主宰する塾です。彼は一人ひとりの個性を生かせば、誰もが成功できると教育します。成功を引き寄せるキーワードが「自分ブランド構築」です。彼は自分の肩書は経営コンサルタントだけではなく、「幸せな成功者プロデューサー」であると語っています。

彼は長所を発見し伸ばすことが自己ブランド構築に大切だと強調します。本来、長所と短所は一対のものです。捉え方によってどちらにもなるものです。「自分には何の取り柄もない」と言う人は、短所の側面ばかりを見ていることが多いものです。「自分には短所しかない」と思っている人は、自分の短所を書き出してみて、その反対を考えてみるというトレーニングをやってみたらよいといいます。短所と長所は表裏一体だからです。物事の解釈を変えてみる手法を「リフレーミング」と言います。これをやると自信が持てるようになります。

長所がなかなか見つからない人でも、長所が簡単に見つかる方法があります。それは、心理学で「投影」と言われているもので、「鏡の法則」とも呼ばれています。人というのは、自分の中にあるものを相手に投影しています。相手の中に見える長所は自分の長所、相手の中に見える短所は自分の短所だということです。長所コレクションがたくさん集まると、自分に自信が持てるようになるはずです。

中井氏は自信が持てるようになるためのワークを紹介しています。

夜寝る前にその日一日を振り返ってみて、
・よくやったと思うこと

・よく頑張ったと思うこと
・偉かったなぁと思うこと
・よく我慢したと思うこと

など、きょうのベスト3をノートに書き出してから寝るというものです。必ず毎日、3個ずつ書くことがポイントです。これを1カ月くらい続けると、かなり自分に自信が持てるようになります。

個人のセルフイメージというのは蓄積された「記憶」です。周囲の人から何度も言われたり、自分が言ったりしたことが、記憶として脳の中に蓄積されてできあがるものです。そのまま放っておくと、セルフイメージは死ぬまでずっと変わりません。マイナスのセルフイメージの場合は、書き換えが必要です。潜在意識はそのセルフイメージを実現しようとして常に作用しているので、本当に思ったとおりのセルフイメージが実現してしまいます。セルフイメージは「記憶」ですから、意識すれば、書き換えようとすれば、必ずできます。コンピュータのハードディスクでデータの上書きをするのと同じように、記憶の上書きが可能です。

前向きな希望的な「セルフイメージ」を決めて口ずさんでみましょう。

~お客様を幸せにする笑顔の庭師

- ～幸せと成功を呼ぶ実践的風水鑑定士
- ～人間力向上型組織変革プロデューサー
- ～「笑顔の力」活用キャリアコンサルタント
- ～経営者に笑顔と自信をもたらす経営カウンセラー
- ～ブランド力をめきめき育てる知的財産コンサルタント
- ～「幸せ」と「成功」を住環境で実現するサクセス住宅アドバイザー

このような、セルフイメージを明確に「イメージ化」して、「言語化」し、「行動化」して、それを継続する中で「現実化」されていきます。新たにセルフイメージを見直してみましょう。

●実践ポイント
自分のセルフイメージを言語化してみましょう。

③ なぜ（価値・根拠）するのか？

会社経営において大切なものが「社訓」（訓戒や心構え、企業理念・哲学）です。また、似たようなものとして「社是」（会社の大方針）があります。これらは、言葉を換えると「価値観」です。「なぜ、そのような仕事をしているのですか？」「なぜ、そのような趣味を持っているのですか？」など、「なぜ？」という質問に対して答えようとすると、価値観から答えを出そうとします。まさに、価値観は人生の物差し、羅針盤です。

幸せの要素が、「財産」「健康」「愛情」の三つであるとするならば、価値観も「財産・お金」中心主義、「健康・生命」中心主義、「愛情・心情」中心主義という三つになります。何に価値を置くかで人生が決定します。価値観を明確化して「座右の銘」「モットー」を持つことは大切なことです。

価値観の中で何が本質的な価値観でしょうか。

本章の一で三つの思考原則について説明しました。第一の原則は「長期的の原則（短い時間軸から長い時間軸）」であり、第二の原則は「多面的の原則（一面的視点から多面的視点）」であり、第三の原則は「根本的の原則（臨機応変的考え方から根本的考え方）」です。これらを一言で言えば、「長く（時間軸）、広く（視野）、深い（考え）思考」です。

この思考原則をさらに発展させ、神様を中心とした人生観を土台とした「神主義的思考」にするならば、さらに素晴らしい人生となるでしょう。

神主義的人生観では、長い時間軸ではなく「永遠の時間軸」となります。霊界があり、人間は死んでも永遠に生きる存在であるとするならば、終わりがありません。有限の時間軸であれば、「どうせ死んだら終わるんだ」という考えが根底に残ります。それよりも「死んだ後に行く永遠の世界のために準備しよう」という永遠の時間軸こそ本質的な生き方へと導くようになるでしょう。

また、多面的な視点ではなく「普遍的な視点」です。いつどこで誰が見ても同じ視点、まさに神様の視点です。日本人は、「壁に耳あり、障子に目あり」というように、目に見えない神聖な存在を畏れる世界があります。誰が見ている、見ていないに関係なく、神様の視点を備えることが大切です。

さらに、根本的考え方ではなく、愛の源泉である「神様の愛」から考えることにより、より本質的な生き方となることでしょう。

文鮮明先生の人生観を紹介します。

「幸福は、人のために生きる人生の中にあります。自分のために歌を歌ってみても全然幸福ではないように、自分のためのことには喜びがありません。いくら小さくて、取るに足りないことでも、相手のために、人のためにするとき、幸福を感じるのです。幸福は、『為《ため》に生きる』人生を生きる時にこそ発見できるのです」

「私が建てた学校には、どこでも三つの標語が掲げられています。一つ目が『昼十二時のように影のない人生を生きなさい（正午定着）』です。影のない人生とは、すなわち良心に引っ掛かることがない人生です。地上での人生を終えて霊界に入っていけば、生涯、自分が生きてきた人生が、録画テープが回るように展開します。天国に行くか地獄に行くかは自分の人生によって決定するのです。ですから、一点の影もない、きれいな人生を生きなければなりません。

二つ目は、『汗は地のために、涙は人類のために、血は天のために流して生きなさい』です。人間が流す血と汗と涙は偽りではありません。すべて真実です。しかし、自分のために流す血と汗と涙は無意味です。血と汗と涙は人のために流さなければなりません。

最後の三つ目は、『One Family Under God！（神の下の人類一家族）』です。神様は唯一のお方であり、人類は兄弟姉妹です。言語と人種と文化の違いはあっても、すべて同じなのが人間です」（『平和を愛する世界人として──文鮮明自叙伝』より）

〈参考文献〉

『ツキを呼ぶ「魔法の言葉」』（五日市剛著、マキノ出版）
月刊『ゆほびか』（マキノ出版）
『子供の成績は、お母さんの言葉で9割変わる！』（西角けい子著、ダイヤモンド社）
『5％の人を動かせば仕事はうまくいく』（長谷川和廣著、すばる舎）
『聖書』（日本聖書協会）
『健康麗人』（高田忠典著、アートヴィレッジ）
『松下幸之助「一日一話」仕事の知恵・人生の知恵』（ＰＨＰ総合研究所）
『決断力』（羽生善治著、角川書店）
『「音読」すれば頭がよくなる』（川島隆太著、たちばな出版）
月刊『知致』（知致出版社）
『心理療法「幕の内弁当」方式のすすめ』（村上勝彦著、アニマ２００１）
『人はなぜ人間関係に悩むか』（岩月謙司著、あさ出版）
『人生を決める3つの約束』（西田文郎著、イースト・プレス）
『人生の目的が見つかる魔法の杖』（西田文郎著、現代書林）
『安岡正篤一日一言』（知致出版社）
『なぜ、「これ」は健康にいいのか？』（小林弘幸著、サンマーク出版）
『「幸せな成功」を引き寄せる自分ブランド構築術』（中井隆栄著、インフォトップ出版）
『夢に日付を！』（渡邉美樹著、あさ出版）
『平和を愛する世界人としてー文鮮明自叙伝』（文鮮明著、創芸社）

著者略歴

阿部美樹（あべ みき）

家庭教育カウンセラー。1964年、山形県生まれ。韓国・鮮文大学に留学し、海外宣教学、牧会相談学を学ぶ。神学を土台とした牧会相談を実践しながら心理学を学び、日本プロカウンセリング協会認定カウンセラーとなる。家族などの人間関係の大切さを実感し、教育教材「コミュニケーション講座」（全28回）を作成し、親子セミナー、夫婦セミナー、家族セミナーなどの講演を行う。現在は、真の家庭運動推進協議会本部講師として全国各地で講演やカウンセリング活動を展開している。著書に『幸福度アップ！ ４つの能力』（光言社）がある。

幸せづくりの秘訣三つのキーワード

2013年４月30日　　初版発行

著　者　阿部美樹
発　行　株式会社　光言社
〒150-0042 東京都渋谷区宇田川町37-18
電話　03（3467）3105
http://www.kogensha.jp

印　刷　株式会社 ユニバーサル企画

ISBN978-4-87656-175-9

2010000136010